edition suhrkamp

Redaktion: Günther Busch

Dieter Kühn, geboren 1935 in Köln, lebt heute in Düren. Veröffentlichungen: *Analogie und Variation*, 1965; *N.* Erzählung, 1970; *Ausflüge im Fesselballon.* Roman, 1971; *Grenzen des Widerstands.* Essays, 1972; *Siam-Siam. Ein Abenteuerbuch*, 1972; *Die Präsidentin.* Roman, 1973; *Unternehmen Rammbock. Planspielstudie zur Wirkung gesellschaftskritischer Literatur*, 1974; *Mit dem Zauberpferd nach London.* Kinderroman, 1974; *Festspiel für Rothäute.* Erzählung, 1974; *Luftkrieg als Abenteuer. Kampfschrift*, 1975; *Stanislaw der Schweiger.* Roman, 1975.

Für das Hörspiel *Goldberg-Variationen* wurde Dieter Kühn 1975 der Hörspielpreis der Kriegsblinden verliehen. Ausgehend von historischen Realitäten hat der Autor hier ein Modell entwickelt zum Verhältnis von Musik und gesellschaftlicher Realität: Kann Musik gespielt werden, wo es soziale Ungerechtigkeiten gibt? Modellhaft sind auch die drei weiteren Hörspieltexte, Texte, die sich weitgehend durch Lektüre erschließen. In *Präparation eines Opfers* wird ein Untersuchungsgefangener auf einen öffentlichen Prozeß vorbereitet: Bewußtseinsprägung, »Gehirnwäsche« in einem faschistischen Staat. Im *U-Boot-Spiel* spielen zwei alte Männer Krieg auf Rechenpapier: Das Spiel wird zerstört durch Annäherung an eine Realität, mit der sich nicht spielen läßt. In *Sprachregelung* wird erneut Bewußtseinsformung demonstriert: Ein Lehrer wird mehrfach aufgesucht von einem Vertreter der Schulbehörde: Wörter werden ausgetauscht, werden liquidiert – mit der Sprache ändert sich das Bewußtsein. – In einem Nachwort berichtet Dieter Kühn über die Arbeit an diesen Texten, gibt Hinweise zur Interpretation, bringt ergänzende Materialien.

Dieter Kühn
Goldberg-Variationen

Hörspieltexte mit Materialien

Suhrkamp Verlag

edition suhrkamp 795
Erste Auflage 1976

Satz, in Linotype Garamond, Druck und Bindung bei Georg Wagner, Nördlingen. Gesamtausstattung Willy Fleckhaus.

Inhalt

I

Präparation eines Opfers

RICHTER Was ich Ihnen sage, dringt das eigentlich nicht in Ihr Hirn ein, oder was ist da los? Ich habe Sie im Verlauf dieser Voruntersuchung nun schon mehrfach aufgefordert, sich gefälligst in kompletten Sätzen zu äußern. Und jetzt werfen Sie mir schon wieder eine derart fragmentarische Antwort vor! So einen Satzstummel!

ANGEKLAGTER Herr Vorsitzender, bitte entschuldigen Sie, aber ich bin mit den Nerven etwas – ich habe während der Haftzeit kaum geschlafen und –

RICHTER Wen interessiert das hier! Ich erwarte von Ihnen eine Erklärung, daß Sie im weiteren Verlauf der Voruntersuchung meine Fragen mit möglichst kompletten Aussagesätzen beantworten werden.

ANGEKLAGTER Ich will mich bemühen, daß ich, also daß ich auf Ihre Fragen in ganzen Sätzen antworte.

RICHTER So, und das verbessern und wiederholen Sie jetzt, damit sich das einprägt.

ANGEKLAGTER Ich will mich bemühen, daß ich Ihre Fragen in ganzen Sätzen beantworte.

RICHTER In ganzen Sätzen antworte, haben Sie eben gesagt.

ANGEKLAGTER Ja, in ganzen Sätzen antworte.

RICHTER Und wo ist schon wieder die erste Satzhälfte geblieben? Das fällt mal wieder unter den Tisch, wie? Tragen Sie den Satz komplett vor, und ziehen Sie endlich die entsprechende Nutzanwendung!

ANGEKLAGTER Also ich will mich –

RICHTER Kein Also! Ich will mich bemühen –

ANGEKLAGTER Ich will mich bemühen, daß ich auf Ihre Fragen in ganzen Sätzen antworte.

RICHTER Und das gleiche noch einmal, zur Einübung.

ANGEKLAGTER Ich will mich bemühen, daß ich auf Ihre Fragen in ganzen Sätzen antworte.

RICHTER So. Und wenn wir noch etwas dazu tun wollen, so bringen wir das ein klein wenig eleganter: Ich will mich bemühen, Ihre Fragen in ganzen Sätzen zu beantworten. Wiederholen Sie das.

ANGEKLAGTER Ich will mich bemühen, Ihre Fragen mit ganzen Sätzen –

RICHTER In ganzen Sätzen!

ANGEKLAGTER In ganzen Sätzen zu –

RICHTER Noch mal von vorne!

ANGEKLAGTER Ich, also ich will mich bemühen –

RICHTER Das Also ist wieder mal überflüssig.

ANGEKLAGTER Ich will mich bemühen, auf Ihre Fragen –

RICHTER Wo kommt jetzt plötzlich dieses Auf her? Habe ich das gesagt?

ANGEKLAGTER Ich will mich bemühen, Ihre Fragen –

RICHTER Na bitte!

ANGEKLAGTER Ich will mich bemühen, Ihre Fragen in ganzen Sätzen zu beantworten.

RICHTER Endlich. Und das gleich noch mal.

ANGEKLAGTER Ich will mich bemühen, Ihre Fragen in ganzen Sätzen zu beantworten.

RICHTER Wenn Sie mal was wiederholen sollen, muß das gleich so mechanisch ausfallen? Sagen Sie den Satz noch einmal, ganz langsam, Silbe für Silbe, damit sich Ihnen der Sinn einprägt.

ANGEKLAGTER Ich will mich bemühen, Ihre Fragen in ganzen Sätzen zu beantworten.

RICHTER So, und das möchte ich jetzt endlich realisiert haben!

ANGEKLAGTER Ich werde mich bemühen, Herr Untersuchungsrichter.

RICHTER Na siehst du, Opa, wenn man sein Hirnchen nur ein bißchen anstrengt, dann geht es schon. So, und jetzt wollen wir noch einmal in aller Ruhe und Genauigkeit den Tatbestand repetieren. In welchem Zeitraum hat sich Ihre Tat wiederholt?

ANGEKLAGTER Zwischen Juli und November.

RICHTER Dieses Jahres?

ANGEKLAGTER Vergangenen Jahres.

RICHTER Vergangenen Jahres; das will ich auch meinen. Und der Tatort war –?

ANGEKLAGTER Das war also in einer Bedürfnisanstalt. Aber –

RICHTER Die Fakten sind zwar mittlerweile bekannt, aber Sie wollen sich hier ja nun deutlich und zusammenhängend äußern, nicht wahr?

ANGEKLAGTER Ja. Es war in einer Bedürfnisanstalt.

RICHTER Es war in einer Bedürfnisanstalt. Und was war in dieser Bedürfnisanstalt?

ANGEKLAGTER Also, ich habe die Tat in einer Bedürfnisanstalt begangen.

RICHTER Sie haben die Tat in einer Bedürfnisanstalt begangen. Und das ist ja wohl kein Zufall, nicht wahr, insofern wollen wir auf genaue Angabe des Tatorts gebührenden Wert leben. Sagen Sie diesen Satz deshalb noch einmal laut und deutlich auf.

ANGEKLAGTER Ich habe die Tat in einer Bedürfnisanstalt begangen.

RICHTER Jawohl. Wenn wir den Tatort nun nach dem allgemeinen Sprachgebrauch noch genauer bestimmen wollen, so war es eine –?

ANGEKLAGTER Wie meinen Sie das jetzt?

RICHTER Im allgemeinen Sprachgebrauch heißt es nicht bloß Bedürfnisanstalt, sondern da steht noch ein Wort vor.

ANGEKLAGTER Sie meinen »öffentlich«?

RICHTER Ich meine öffentlich, genau. Und jetzt tragen Sie das einmal komplett vor, und zwar unter Einschluß der Zeitangabe, des Zeitraums.

ANGEKLAGTER Also, ich habe –

RICHTER Ohne Schnörkel! Ich habe –

ANGEKLAGTER Ich habe zwischen Juli und November in einer öff –

RICHTER Und schon fehlt wieder was!

ANGEKLAGTER Ich habe zwischen Juli und November vergangenen Jahres in einer öffentlichen Bedürfnisanstalt diese Anschrift gemacht.

RICHTER Die Tat begangen! Das sollte erst allgemein zum Ausdruck kommen; die Spezifizierung folgt dann im nächsten Schritt. Da capo.

ANGEKLAGTER Ich habe zwischen Juli und November vergangenen Jahres in einer öffentlichen Bedürfnisanstalt diese Tat begangen.

RICHTER Die Tat begangen!

ANGEKLAGTER Ich habe zwischen Juli und November vergangenen Jahres in einer öffentlichen Bedürfnisanstalt die Tat begangen.

RICHTER Und das wollen wir jetzt mal mit sinngemäßer Betonung vortragen: in einer öffentlichen Bedürfnisanstalt! Denn das ist ja kein Zufall, wie ich schon sagte, sondern ein Umstand, der Ihre Tat, und damit Ihre Person sehr viel deutlicher bezeichnet als der letztlich beliebige Text Ihrer Anschrift. Also, noch mal mit entsprechender Betonung!

ANGEKLAGTER Ich habe zwischen Juli und November vergangenen Jahres –

RICHTER Und jetzt mit Sperrdruck sozusagen!

ANGEKLAGTER In einer öffentlichen Bedürfnisanstalt–

RICHTER Nein, nein, so geht das nicht! Wir wollen das hier nicht so genierlich dahingenuschelt haben, das Wort muß klar und frei heraus! Das Ganze da capo.

ANGEKLAGTER Ich habe zwischen Juli und November vergangenen Jahres in einer öffentlichen Bedürfnisanstalt die Tat begangen.

RICHTER Na ja, das war schon ein bißchen besser, aber von ausgesprochener Betonung kann hier die Rede noch nicht sein. Sie müssen sich das vorstellen wie in einer Zeitung: da wird das Entscheidende in größeren und dickeren oder, wie der Fachausdruck lautet, in fetten Buchstaben gedruckt. Und wenn einer so etwas vorliest, so muß sich das natürlich in der Sprechweise abzeichnen. Nun machen Sie schon endlich!

ANGEKLAGTER Entschuldigen Sie, Herr Vorsitzender, aber daß ich das da –

RICHTER Daß-ich-das-da! Sie müßten sich mal selbst zuhören! Daß-ich-das-da! Wiederholen Sie das gleich mal, zur inneren Pädagogik!

ANGEKLAGTER Was Sie da eben sagten?

RICHTER Genau das sollen Sie laut und deutlich wiederholen.

ANGEKLAGTER Daß ich das da?

RICHTER Ja: daß-ich-das-da. Klingt hübsch, oder?

ANGEKLAGTER Nein.

RICHTER Na bitte, dann wollen Sie sich gütigst ein klein wenig zusammenreißen, ja?

ANGEKLAGTER Ich werde mich bemühen. Ich wollte nur sagen, Herr Vorsitzender, das war eigentlich nur Zufall, wenn ich das in der öffentlichen Bedürfnisanstalt angeschrieben habe. Wirklich.

RICHTER Ach, da sind Sie völlig sicher?

ANGEKLAGTER Ja, ich –

RICHTER Interessant. Ein Täter, der sich über seine innersten Impulse völlig im klaren ist. Da wären Sie ja ein psychologisches Wunder! Aber wenn ich Sie hier so vor mir sehe, da will mir das eigentlich nicht so recht in den Kopf. Daß Sie diese Anschrift in einer in der Nähe Ihrer Wohnung befindlichen öffentlichen Bedürfnisanstalt mehrfach angebracht haben, ist für Ihre Wesenheit bezeichnender als dieser völlig absurde Satz.

ANGEKLAGTER Herr Vorsitzender, ich habe das aber wirklich nur in der Toilettenanstalt angeschrieben, weil sich das so ergab.

RICHTER Und wie oft haben Sie diese Parole, diese sogenannte Parole, angeschrieben?

ANGEKLAGTER Viermal.

RICHTER Insgesamt viermal, ja . . .

ANGEKLAGTER Das wurde ja immer wieder da weggemacht.

RICHTER Was ja wohl auch zu erwarten war! Diesen Umstand hätten Sie aber wohl kaum bemerkt, wenn Sie nicht permanent dahin gegangen wären. Demnach war es kein Zufall, wie Sie immer noch behaupten, sondern das war, ich möchte fast mal sagen: System. In dem man wiederum ein Symptom sehen könnte. Das bestätigen denn auch die Zeugenaussagen, nach denen Sie sich sehr häufig in der Nähe dieser öffentlichen Bedürfnisanstalt aufgehalten haben.

ANGEKLAGTER Das war aber nur, weil ich das sehen wollte.

RICHTER Was wollten Sie da sehen?

ANGEKLAGTER Ja, ob das noch dran war. Das war ja schließlich was Politisches, und das wird hierzulande doch sofort –

RICHTER Nun hören Sie mal zu! Es hätte Ihnen im Verlauf unserer bereits längeren Voruntersuchung eigentlich so langsam, so ganz langsam klarwerden dürfen, daß dies letztlich nur ein Vorwand gewesen sein kann. Ein Vorwand möglicherweise auch vor Ihnen selbst – was noch zu klären ist. Die wirklichen Gründe waren völlig unpolitischer Natur. Auch wenn der Wortlaut der Parole gegen diesen Schluß zu sprechen scheint.

ANGEKLAGTER Aber es ist mir nur darum gegangen –

RICHTER Vielleicht geruhen Sie endlich, in Ihr Hirn aufzunehmen, was ich hier sage! Statt sofort wieder mit Ihren festgefahrenen Vorstellungen anzukommen.

ANGEKLAGTER Entschuldigen Sie, aber das war wirklich –

RICHTER Vielleicht lassen Sie mich meine Ausführungen zu Ende bringen, ja? Man hat im Verlauf seiner Dienstjahre ja nun so seine Erfahrungen gemacht. Und eine Haupterfahrung ist nun die, daß sich Untersuchungshäftlinge während der Untersuchungshaft eine Version des Vorgangs zusammenbasteln, die in Motivation und Ablauf der Wirklichkeit, der ganz anders gearteten Wirklichkeit nicht entspricht. Man pflegt sich das so oft vorzusagen, ja einzusuggerieren, bis es sich sozusagen als Raster oder als Muster dem Bewußtsein eingeprägt hat. Die Aufgabe der Voruntersuchung besteht nun darin, dieses Raster wieder in Frage zu stellen, durch dieses Raster zum wahren Tatbestand hindurchzustoßen. Ich will damit gar nicht einmal sagen, daß die Angeklagten sich bewußt ein Lügensystem aufbauen, sondern es ist oft so, und das scheint mir bei Ihnen der Fall, daß man sich hier eine Version zu eigen macht, die das Bewußtsein vor gewissen inneren Möglichkeiten absichern soll, sozusagen ein Schutzsystem. Zu dieser inneren Schutzmaßnahme gehört nun Ihre andauernd wiederholte Beteuerung, es wäre Ihnen nur um diese sozusagen politische Anschrift gegangen, der Tatort wäre dabei mehr oder weniger zufällig gewesen. Der Tatort, lassen Sie sich das in aller Ruhe gesagt sein, ist hier für den inneren Tatbestand aber sehr viel bezeichnender, als Sie das jetzt vor sich selbst wahrhaben oder vor mir zugeben wollen.

ANGEKLAGTER Herr Vorsitzender, ich bin aber bestimmt nicht dahin gegangen, weil ich da so was gewollt habe.

RICHTER Da so was gewollt habe! Sie haben aber letztlich doch »so was gewollt«. Wenn sich jemand, ich möchte fast mal sagen: notorisch in einer öffentlichen Bedürfnisanstalt aufhält, die sich beinah in unmittelbarer Nähe seiner Wohnung befindet, so läßt sich das erfahrungsgemäß, das habe ich Ihnen ja nun schon mehrfach gesagt, nur durch abartige Interessen erklären!

ANGEKLAGTER Aber ich gehöre bestimmt nicht zu denen!

RICHTER Zu denen . . . Zu wem wollen Sie nicht gehören?

ANGEKLAGTER Also zu denen, die da abartig sind.

RICHTER Da sind Sie so sicher?

ANGEKLAGTER Herr Vorsitzender, ich bin Rentner, ich bin verheiratet, ich –

RICHTER Na und, sind das vielleicht Gegenbeweise?

ANGEKLAGTER Aber ich gehöre bestimmt nicht zu denen!

RICHTER Nun ereifern Sie sich mal nicht! Für Ihre Aussage kann es nur zwei Erklärungen geben. Entweder, es handelt sich hier um einen simplen Leugnungsversuch. Oder aber, und das will ich Ihnen durchaus konzedieren, Sie sind sich über ihre Latenzen, wie der Psychologe sagt, nicht im klaren. In diesem Fall bestünde meine Aufgabe darin, diese für Sie selbst noch verborgene Anlage oder Neigung ins Bewußtsein zu heben. Auf Ihren Familienstand, auf Ihr Alter und so weiter können Sie sich in diesem Zusammenhang nicht berufen! Feststeht doch nun, und das haben Zeugenaussagen erhärtet, das haben Sie selbst mehr oder weniger direkt bestätigt, daß Sie sich häufig, sehr häufig bei oder in dieser öffentlichen Bedürfnisanstalt herumgetrieben haben. Und sehen Sie, für diesen Umstand gibt es eben nur eine Erklärung, da müssen Sie sich so langsam hineinfinden.

ANGEKLAGTER Herr Vorsitzender, ich, also ich habe da bestimmt immer nur gewartet, damit ich das anschreiben kann, wenn keiner in der Nähe ist. Deswegen bin ich da länger gewesen. Und nicht wegen so was!

RICHTER Wenn es Ihnen wirklich nur um diese Anschrift gegangen wäre, die hätten Sie auch nachts an irgendwelchen Wänden anbringen können.

ANGEKLAGTER Das hätte ich dann ja mit Farbe machen müssen. Außerdem, das fällt doch nicht so auf, wenn das irgendwo innen ist, da können die Leute leichter hinschauen, als wenn das außen ist.

RICHTER Dieses Satzgewurschtel ist ja nicht zu ertragen! Ich habe Ihnen schon mehrfach zu erkennen gegeben, daß Sie sich hier klar und deutlich zu äußern haben. Das wird ja wohl noch in Ihr verkalktes Hirn reingehen, oder?

ANGEKLAGTER Herr Vorsitzender, wenn man hier so lang steht und –

RICHTER Das haben Sie sich selbst zuzuschreiben! Und wenn Sie hier larmoyant werden, damit verbessern Sie Ihre Situation in keinster Weise! Sie sind sich über ihre Lage anscheinend noch nicht im klaren! Man kann Sie in der bevorstehenden Gerichtsverhandlung aufgrund der vorliegenden Beweise ohne weiteres wegen Vorbereitung zum Hochverrat anklagen; sie hatten dem Wortlaut nach immerhin dazu aufgerufen, die Oberste Führung zu beseitigen. Bei solch einem Tatbestand wäre das Urteil eindeutig. Ihnen Vorbereitung zum Hochverrat vorzuwerfen, wäre aber absurd, nicht allein in Hinblick auf Ihre Person. Es ist absurd in sich. Denn es kann keine sachlichen Gründe geben, die auch nur in irgendeiner Weise diese Anschrift motivieren.

ANGEKLAGTER Aber all diese Lager und –

RICHTER Habe ich Ihnen das Wort erteilt? Habe ich Ihnen eine Frage gestellt?

ANGEKLAGTER Nein.

RICHTER Sie beweisen unablässig, daß Sie überhaupt nicht zuhören! Sie warten nur darauf, daß Sie Ihre ostinaten Behauptungen wiederholen können.

ANGEKLAGTER Ich habe bestimmt zugehört.

RICHTER Na, dann wiederholen Sie mal, was ich zuletzt gesagt habe.

ANGEKLAGTER Wörtlich?

RICHTER Wenn Sie es nur sinngemäß wiederholen, damit will ich schon zufrieden sein.

ANGEKLAGTER Sie haben also gesagt –

RICHTER Nun lassen Sie endlich dieses Also raus! Sie werden doch wohl auch ohne diese Krücke reden können! Da capo.

ANGEKLAGTER Sie haben gesagt, daß es keine Gründe für die Anschrift gibt.

RICHTER Keine sachlichen Gründe!

ANGEKLAGTER Sie haben gesagt, daß es keine sachlichen Gründe für die Anschrift gibt.

RICHTER So, und jetzt lassen Sie die einführenden Wörter mal weg, bringen Sie den einfachen Aussagesatz! Es gibt keine – und so weiter.

ANGEKLAGTER Entschuldigen Sie, aber ich habe das doch angeschrieben, weil –

RICHTER Ich habe Ihnen eine Anweisung gegeben. Befolgen Sie die gefälligst.

ANGEKLAGTER Herr Vorsitzender, ich gebe ja zu, daß ich

vielleicht nicht alles ganz richtig sehe –

RICHTER In der Tat: Sie sehen nicht richtig, und Sie hören auch nicht richtig zu! Sonst hätten Sie längst diesen Satz präsentiert.

ANGEKLAGTER Aber wenn ich das so sage, als wenn ich das sagen würde –

RICHTER Ach, der Herr wollen das nicht in der Ichform vortragen? Sie wollen nach wie vor behaupten, für Sie wäre diese Anschrift das Resultat von Informationen und von Überlegungen?

ANGEKLAGTER Ja, das wollte ich sagen.

RICHTER Wogegen ich wiederhole: der Text dieser Anschrift ist in sich selbst und nicht allein in Beziehung zu Ihrer Person absurd. Deshalb kann diese Anschrift nur als Dokumentation der Senilität gewertet werden. Wobei die näheren Umstände noch weitere Symptome deutlich machen, wie sie sich bei Männern Ihrer Altersstufe zuweilen einstellen.

ANGEKLAGTER Bitte, Herr Vorsitzender, diese Anschrift hat doch nichts mit –

RICHTER Vorsicht! Die Ergebnisse dieser Voruntersuchung werden abschließend in einem Protokoll zusammengefaßt – überlegen Sie sich also sehr genau, was Sie sagen. Am besten wäre hier, Sie folgen meiner Frageführung: daß man Sie über Ihre eigene Motivation aufklären muß, erweist sich immer deutlicher als notwendig. Nach den bisherigen Ermittlungen kann der Ablauf nur folgendermaßen liegen: Sie haben etliche Zeit in dieser Bedürfnisanstalt verbracht in vergeblicher Erwartung einer speziellen Chance, ich muß hier nicht deutlicher werden, und in solcher Langeweile, einer schließlich wohl gereizten Langeweile, schrieben Sie zum erstenmal mit blauem Kopierstift diesen Aufruf an die Wand. Als nach einigen Tagen die Schrift beseitigt war, haben Sie aus einer Art Altersstarrsinn heraus diese Anschrift wörtlich erneuert, und das nachgewiesenermaßen dreimal. Es wäre nun für Sie am günstigsten, wenn wir den Vorgang in dieser Weise zu Protokoll bringen könnten.

ANGEKLAGTER Herr Vorsitzender, ich habe das bestimmt nicht geschrieben, weil ich da sozusagen vergeblich gewartet hätte.

RICHTER Sie haben mittlerweile völlig festgefahrene Verteidigungsmechanismen entwickelt! Wenn Sie nur endlich begreifen würden, daß Sie noch nicht vor Gericht stehen, sondern daß hier neben der Erhellung des Tatbestandes vor allem die psychologischen Grundfakten herausgearbeitet werden sollen, als innere Vorbereitung auf die Gerichtsverhandlung. Statt hier pausenlos Ihre Beteuerungen zu wiederholen, wäre es deshalb sehr viel angebrachter, wenn Sie auf meine Erklärungen eingingen. Und Sie haben ja nun mittlerweile, wenn auch indirekt, mehr bestätigt als widerlegt, daß Sie nicht die Absicht, solch eine Anschrift anzubringen, zum Tatort geführt hat, sondern ein Ihnen möglicherweise selbst noch verborgener Antrieb. Somit zielt diese Voruntersuchung auf eine Art Selbsterhellung ab, auf Selbsterkenntnis. Und das führt zu nicht immer bequemen Begegnungen mit sich selbst. Aber es bleibt da nichts anderes übrig, man muß sich akzeptieren. Es geht also in keinster Weise um Unterstellungen irgendwelcher Art, sondern um Klärung, um Erhellung. Und daran muß auch Ihnen liegen, insofern arbeiten wir beide gemeinsam. Haben wir uns da verstanden?

ANGEKLAGTER Ja. Herr Vorsitzender, sehen Sie, ich bin noch nie irgendwie mit dem Gesetz in Konflikt gekommen, in diesen 73 Jahren, und ich bin darum auch sehr an der Wahrheit interessiert. Aber ich bin bestimmt nicht wegen so einer abartigen Sache dahin gegangen! Das war bestimmt kein Antrieb, wie Sie sagen. Ich habe das bestimmt nicht da angeschrieben, weil ich sozusagen vergeblich gewartet habe, und mir ist da nichts Besseres eingefallen. Sondern das habe ich mir schon überlegt, darüber habe ich mir bestimmt Gedanken gemacht. Wenn ich dazu vielleicht noch mal etwas sagen dürfte?

RICHTER Das halte ich für wenig sinnvoll. Denn es dürfte kaum in Ihrem Interesse liegen, hier noch einmal zu Protokoll zu geben, Sie hätten diese Anschrift angebracht, weil Sie mit der Rente unzufrieden sind.

ANGEKLAGTER Das habe ich so bestimmt nicht gesagt.

RICHTER Wollen Sie damit behaupten, ich hätte Ihren überaus komplizierten Gedankengängen nicht zu folgen vermocht, oder was? Sie haben sich bei den Fragen zur Person über die Invalidenrente beklagt, haben auf Ihr Hüftgelenksleiden verwiesen, haben erklärt, Sie müßten die Hälfte der Rente für die beiden Zimmer Ihrer Wohnung ausgeben, und für den Rest bekäme man immer weniger, Ihre Frau hätte darüber Buch geführt – haben Sie das gesagt, oder haben Sie das nicht gesagt?

ANGEKLAGTER Das habe ich schon gesagt, aber –

RICHTER Na also.

ANGEKLAGTER Aber wegen dem habe ich die Anschrift doch nicht gemacht!

RICHTER Wegen dem . . . Was heißt: wegen dem?

ANGEKLAGTER Also wegen dieser Rentenangelegenheit.

RICHTER Sie haben zu Beginn der Voruntersuchung gesagt, Sie wären wegen eben dieser Rentenfrage unzufrieden – stimmt das, ja oder nein?

ANGEKLAGTER Mag sein, aber deswegen habe ich bestimmt nicht die Anschrift gemacht.

RICHTER Aus Ihren Äußerungen kann ich nur wieder den Schluß ziehen, daß die Motivation in einer unpolitischen, einer sehr andersartigen Richtung liegt.

ANGEKLAGTER Herr Vorsitzender, ich war bestimmt nicht in der öffentlichen Bedürfnisanstalt, weil ich da irgendwie andersartig bin. Ganz bestimmt nicht.

RICHTER Da irgendwie . . . Aber da scheint mir irgendwie eben doch der Grund zu liegen!

ANGEKLAGTER Herr Vorsitzender, ich habe das ganz bestimmt nicht deswegen getan, ich könnte das beschwören. Das hat andere Gründe gehabt. Schauen Sie, zum Beispiel all die Verhaftungen, wenn man da so bedenkt, warum die Leute oft verhaftet werden –

RICHTER Ach, Sie kennen die Verhaftungsgründe? Ist ja hochinteressant.

ANGEKLAGTER Ja, also in einem Fall, da hat jemand beim Aufmarsch die Fahne nicht aus dem Fenster gehängt, und einen Tag später war er abgeholt. Die Familie weiß heute noch nicht, wo er ist. Und das sind bestimmt schon zwei Jahre! Und ein anderer Fall –

RICHTER Den können Sie sich sparen! Das sind doch nichts als abstruse Behauptungen!

ANGEKLAGTER Aber wenn man so oft –

RICHTER Nun hören Sie mal in aller Ruhe zu! Sie haben nach

Ihren Angaben nur die Volksschule hinter sich gebracht, Sie sind Landarbeiter gewesen und später Transportarbeiter. Selbst auf ihrem Arbeitsgebiet werden Sie aber wohl die Erfahrung gemacht haben, daß man bestimmte Kenntnisse besitzen muß, um zutreffende Urteile abgeben und das Richtige tun zu können. Nur im politischen Bereich, da meint jeder, er könnte frisch und frei drauflosurteilen. Lesen Sie überhaupt regelmäßig die Zeitung?

ANGEKLAGTER Ja. Aber da steht auch nicht immer die Wahrheit drin.

RICHTER Und woher wollen Sie das schon wieder wissen?

ANGEKLAGTER Das habe ich so gehört.

RICHTER Unter Rentnern beim Spazierengehen, wie? Und daraufhin wagen Sie derartige Urteile abzugeben? Leute wie Sie können froh sein, wenn sie den Inhalt der Zeitungen auch nur einigermaßen sinngemäß erfassen. Nach dem, was Sie hier so von sich geben, muß ich das jedoch erheblich in Frage stellen.

ANGEKLAGTER Aber all die Verhaftungen und die Schikanen bei Leuten, die nicht in der Partei –

RICHTER Ich würde mir an Ihrer Stelle weitere unqualifizierte Auslassungen dieser Art ersparen! Was Sie bisher in der Richtung vorgetragen haben, reicht völlig aus, um diese Anschrift als gedankenlose Schmiererei zu entlarven – da wollen wir jetzt gar keine weiteren Beiträge liefern, nicht wahr!

ANGEKLAGTER Aber wenn man –

RICHTER Sie antworten nur, wenn Sie gefragt sind! Ich hoffe, ich habe das zum letzten Mal feststellen müssen. Wiederholen Sie das gleich mal.

ANGEKLAGTER Ich soll nur antworten, wenn ich gefragt bin.

RICHTER Das sollen Sie nicht nur tun, das werden Sie auch tun! Bringen Sie das zum Ausdruck. Ich werde –

ANGEKLAGTER Ich werde nur antworten, wenn ich gefragt bin.

RICHTER Und das bringen Sie jetzt als Aussagesatz, präsentisch, in der Gegenwartsform.

ANGEKLAGTER Wie meinen Sie das?

RICHTER Ihnen muß man aber auch alles vorkauen! Wiederholen Sie also: Ich antworte nur, wenn ich gefragt bin.

ANGEKLAGTER Ich antworte nur, wenn ich gefragt bin.

RICHTER Das läßt sich noch sehr viel deutlicher vortragen. Das muß wie bei den Sängern gehen: zwei Finger breit die Zähne auseinander!

ANGEKLAGTER Ich antworte nur, wenn ich gefragt bin.

RICHTER Wann antworten Sie also nur?

ANGEKLAGTER Wenn ich gefragt bin. Ich antworte nur, wenn ich gefragt bin.

RICHTER Schön. Und ich frage Sie jetzt, ob Sie aufgrund Ihrer letzten Ausführungen nicht selbst zugeben müssen, daß Ihre Anschrift nichts als eine gedankenlose Schmiererei gewesen ist.

ANGEKLAGTER Aber wenn ich –

RICHTER Das ist eine Frage, auf die ich die Antwort Ja oder Nein erwarte.

ANGEKLAGTER Bitte, ich –

RICHTER Sagen Sie mal, in Ihr Hirn geht wohl überhaupt nichts rein, wie? Wenn ich Ihnen sage, Sie sollen auf meine Frage mit Ja oder Nein antworten, so antworten Sie gefälligst mit Ja oder Nein! Wiederholen Sie das.

ANGEKLAGTER Ich soll also nur –

RICHTER Lassen Sie dieses verfluchte Also raus! Das ist absolut überflüssig.

ANGEKLAGTER Wenn Sie eine Frage mit Ja oder Nein stellen, darauf soll ich mit Ja oder Nein antworten.

RICHTER Und den Sinn dieser Äußerung haben Sie erfaßt?

ANGEKLAGTER Ja.

RICHTER Sie sollen sich in ganzen Sätzen äußern!

ANGEKLAGTER Ich habe den Sinn erfaßt.

RICHTER Vollständig?

ANGEKLAGTER Ich habe den Sinn vollständig erfaßt.

RICHTER Und Sie werden sich dieser Aussage gemäß verhalten?

ANGEKLAGTER Ich werde mich dieser Aussage gemäß verhalten.

RICHTER Na gut. Dann zurück zu meiner Frage, ich wiederhole sie: Geben Sie endlich selbst zu, daß es sich bei dieser Anschrift um eine gedankenlose Schmiererei gehandelt hat? Ja oder nein?

ANGEKLAGTER Bitte, wenn ich nur ein paar Worte –

RICHTER Wir haben das doch nun gerade erst eingeübt! Nun

machen Sie schon endlich!

ANGEKLAGTER Ich kann das nicht so einfach mit Ja oder Nein beantworten, wirklich nicht.

RICHTER Wieso können Sie das nicht? Sie haben eben noch die Erklärung abgegeben, daß Sie, wo es gewünscht wird, auf meine Fragen lediglich mit Ja oder Nein antworten werden. Deshalb erwarte ich jetzt die entsprechende Antwort auf meine Frage. Und wie lautet die noch?

ANGEKLAGTER Ob ich zugebe, daß das eine Schmiererei gewesen ist.

RICHTER Eine gedankenlose Schmiererei: das Adjektiv ist hier entscheidend! Und die Antwort heißt? – Nun? Es wäre sehr günstig für Sie, wenn Sie sich hier zu einer positiven Antwort aufraffen könnten.

ANGEKLAGTER Aber ich –

RICHTER Ja oder nein?

ANGEKLAGTER Bitte, wenn ich –

RICHTER Ja oder nein!

ANGEKLAGTER Dann eher nein.

RICHTER Das ist keine klare Antwort. Ja oder nein?

ANGEKLAGTER Nein.

RICHTER Interessant . . . Dann will ich mal eine simple staatsbürgerliche Frage stellen, die für viele Fragen stehen mag. Ist es ein Verdienst der Regierung oder nicht, die unsinnige Parteienzersplitterung, das parlamentarische Dauergequassel durch straffe Führung und klare Aktionsrichtung abgelöst und vom Politischen her auf allen Lebensgebieten entschieden Ordnung geschaffen zu haben? – Nun äußern Sie sich schon: liegt hier ein Verdienst oder nicht?

ANGEKLAGTER Ja.

RICHTER Ich habe Sie kaum verstanden: wie lautete die Antwort?

ANGEKLAGTER Ja.

RICHTER Die Antwort lautete: ja. Nun gilt Ja nur als Antwort, wenn eine entsprechende Frage gestellt wurde. Sonst wünsche ich bekanntlich komplette Sätze, daran dürften Sie sich trotz der fortgeschrittenen Zeit erinnern. Also: liegt hier ein entscheidendes Verdienst der Obersten Führung oder nicht?

ANGEKLAGTER Es ist ein Verdienst der Obersten Führung.

RICHTER Und damit bringen Sie Ihre innerste Überzeugung zum Ausdruck? – Ich habe Sie etwas gefragt!

ANGEKLAGTER Ja.

RICHTER Finden Sie nicht selbst, daß dieses Ja reichlich einsam und verloren dasteht? – Wollen Sie dem nicht etwas beigesellen? – Nun lassen Sie sich nicht jedes Wort einzeln aus der Nase ziehen!

ANGEKLAGTER Es ist meine Überzeugung.

RICHTER Was ist Ihre Überzeugung?

ANGEKLAGTER Es ist meine Überzeugung, daß es ein Verdienst der Obersten Führung ist.

RICHTER Und dieses Verdienst wollen Sie nicht näher benennen?

ANGEKLAGTER Ja, also daß sie das Parteiengezänk abgeschafft hat, wie Sie eben sagten, und so.

RICHTER Wie Sie eben sagten ... Wie Sie eben sagten! Das würde Ihnen so passen, nicht wahr: der arme Angeklagte, dem das so in den Mund gelegt wird! Zu dieser Art von Wehleidigkeit und Selbstbemitleidung dürfte hier aber keinerlei Anlaß bestehen! Denn das ist Ihnen ja keineswegs fremd, was ich eben sagte. Das liegt ja nun nachweislich im Sinne Ihrer früheren Entscheidung.

ANGEKLAGTER Wie meinen Sie das?

RICHTER Bitte, Sie hatten doch seinerzeit bei der Wahl für unsere Regierung votiert, und zwar mit aller Entschiedenheit. Nicht wahr?

Der Angeklagte schweigt.

Das hören Sie jetzt wohl nicht gern, wie? Die Sache ist ja nun auch reichlich paradox. Laut Zeugenaussage hatten Sie damals nicht bloß angekündigt, Sie würden aus den eben von mir zitierten Gründen der Obersten Führung Ihre Stimme geben, Sie hatten auf Ihre Weise sogar noch unter Bekannten dafür geworben: Diese Männer allein könnten den allgemeinen Sauhaufen in Ordnung bringen, und so weiter. Hatten Sie das damals dem Sinne nach gesagt oder nicht?

ANGEKLAGTER Das sind ja schon etliche Jahre her.

RICHTER So weit werden Sie aber trotzdem noch zurückdenken können! Hatten Sie sich damals in diesem Sinne geäußert oder nicht?

ANGEKLAGTER Damals, da sah das alles noch anders aus und –

RICHTER Was sah damals anders aus? Die Zusammensetzung der Regierung vielleicht? Ich wüßte nicht, was sich da in den letzten Jahren gravierend verändert haben sollte.

ANGEKLAGTER In der Zusammensetzung nicht. Aber in Beziehung zu dem, wie man –

RICHTER Sie hat sich nicht in der Zusammensetzung geändert, sie hat sich nicht in der Zielsetzung geändert, es ist nach wie vor die gleiche Regierung, für die Sie sich damals einzusetzen versuchten. Und gegen diese Regierung verbreiten Sie jetzt solche Parolen! Wenn Sie nun dem Wortlaut nach zur Beseitigung einer Regierung aufrufen, zu deren Bildung Sie durch Stimmabgabe und Mundpropaganda beizutragen versuchten, und wenn Sie die heutigen Aktionen dieser Regierung, beim Licht des Verstandes besehen, eigentlich auch nur gutheißen können, handelt es sich da nicht ganz zwangsläufig um eine gedankenlose Schmiererei?

ANGEKLAGTER Wenn Sie das so ausdrücken –

RICHTER Ich erwarte die Antwort Ja oder Nein.

ANGEKLAGTER Aber Ihre Frage ist doch –

RICHTER Die Frage ist gestellt, ich warte auf die Antwort Ja oder Nein.

ANGEKLAGTER Wenn Sie das so ausdrücken, wie Sie das eben ausgedrückt haben, da muß man jasagen. Aber wenn man –

RICHTER Sie sagen also ja?

ANGEKLAGTER Ich wollte nur feststellen, wenn man so –

RICHTER Ich möchte dieses Ja noch einmal von Ihnen hören. Ohne weitere Kommentare, schlicht und klar.

Der Angeklagte schweigt

Ich habe Ihnen eine Aufforderung erteilt!

Der Angeklagte schweigt.

Ach, sieh mal an, er wird bockig. Es zieht Sie wohl in die Dunkelzelle, wie? Nun machen Sie schon! Wie heißt Ihre Antwort?

ANGEKLAGTER Ja.

RICHTER Das wollen wir nicht so mickrig vortragen, das muß ein schönes, wohlgerundetes, überzeugtes und überzeugendes Ja sein!

ANGEKLAGTER Ja.

RICHTER Da capo.

ANGEKLAGTER Ja.

RICHTER Na gut. Wenn man nun diesen sogenannten Aufruf als gedankenlose Schmiererei diagnostiziert, so besteht da letztlich kein Unterschied mehr – vom Wortlaut einmal abgesehen – als Faktum besteht da kein Unterschied mehr zu den Zeilen, die sonst so in öffentlichen Bedürfnisanstalten angeschrieben werden. Sie hätten bei einem Ihrer häufigen und längeren Aufenthalte in dieser öffentlichen Bedürfnisanstalt eben so eine der üblichen Zeilen anschreiben oder eine entsprechende Zeichnung anbringen können; nur war Ihnen in diesem Augenblick nichts Besseres eingefallen als dieser Satz. Dies ist der Tatbestand. Damit muß ich Sie konfrontieren, damit müssen Sie sich identifizieren. Um hier nun den entscheidenden Schritt zu vollziehen, werden Sie nun selbst einmal sagen, wie man eine Person beurteilen muß, die sich in öffentlichen Bedürfnisanstalten herumtreibt und dort aus Langeweile oder Ungeduld solche Schmierereien anstellt. Wie würden Sie so jemand beurteilen?

ANGEKLAGTER Herr Vorsitzender, ich habe bestimmt nicht –

RICHTER Nun halten Sie sich endlich an die Spielregeln! Ich habe Ihnen eine Frage gestellt, und diese Frage wünsche ich beantwortet. Nur so können wir einen purgierenden Effekt erreichen, um mich mal nach alten medizinischen Begriffen auszudrücken. Worauf es hier ankommt, ist schließlich, daß Sie sich selbst gegenüber die richtige Einstellung finden – vor allem in Hinblick auf die bevorstehende Gerichtsverhandlung. Sagen Sie, was Sie sind, sagen Sie es klar, sagen Sie es schonungslos.

ANGEKLAGTER Bitte, wenn ich ein paar Worte sagen dürfte, warum ich –

RICHTER Sie äußern sich nur in dem Sinn, in dem ich es wünsche! Und wenn Sie sich hier dämlich anstellen oder bockig werden, dem können wir abhelfen, da gibt es gar keine Probleme! Ein Wöchlein Dunkelzelle bei Nahrungsentzug würde die Bereitschaft zum Selbstporträt da schon erheblich steigern! Aber Sie sehen ja, ich bin freundlich und geduldig, soweit Sie das zulassen. Versuchen Sie also, von sich Abstand zu nehmen, wie der Maler vom Objekt, und entwerfen Sie das Porträt eines Menschen, der sich vorzugsweise in öffentlichen Bedürfnisanstalten herumtreibt, um da auf gewisse Anblicke und Gelegenheiten zu lauern und der seine Wartezeit mit hirnlosen Sprüchen verunziert.

ANGEKLAGTER Ich kann das nicht, bitte!

RICHTER Er kann das nicht. Aber solche Schweinereien an die Lokuswände schmieren, das können Sie, was? Da hatten Sie keine Hemmungen! Und jetzt wollen Sie hier den schonungsbedürftigen Opa spielen, wie? Nun machen Sie schon, selbst meine Geduld hat ein Ende, wir wollen die Sache zu Protokoll bringen. Ich bin ein – je eher daran, je eher davon!

ANGEKLAGTER Herr Vorsitzender, es war wirklich nicht so, wie –

RICHTER Sie kommen hier um klare Äußerungen nicht herum! Also voran! Nur so kann eine reinigende, innerlich oder bewußtseinsmäßig reinigende Wirkung erzielt werden. Also: Ich bin ein – jetzt muß das aber endlich kommen!

ANGEKLAGTER Ich bin – also es heißt, man wäre da ein Defaitist.

RICHTER Soll ich jetzt nachsichtig lächeln, oder muß ich hier zur Abwechslung mal mit der Faust auf den Tisch hauen? Schon diese Form, die Satzform – von der Bezeichnung selbst will ich ja noch gar nicht reden. Nun bringen Sie erst mal die Aussage formal in Ordnung, dann sehen wir weiter.

ANGEKLAGTER Ich bin ein Defaitist.

RICHTER Das war so leise, das haben höchstens Sie selbst gehört. Noch mal.

ANGEKLAGTER Ich bin ein Defaitist.

RICHTER Das geht auch nur so gerade über die Hörschwelle. Ich will es laut und deutlich und klar und unmißverständlich hören.

ANGEKLAGTER Ich bin ein Defaitist.

RICHTER Und dasselbe noch einmal. Und zwar Silbe für Silbe. Damit wir die Sache dann auch gleich auseinanderpflücken können! Ich bin . . .

ANGEKLAGTER Ich bin ein Defaitist.

RICHTER Ein Defaitist. Sie behaupten, Sie wären ein Defaitist. So sollte tatsächlich Ihr Selbsturteil lauten?

ANGEKLAGTER So heißt es doch immer in den Zeitungen . . .

RICHTER Wenn gewisse Elemente, die sich dem gemeinsamen

Kampf um die größere Zukunft in eine sogenannte Privatsphäre entziehen zu können glauben, wenn die in den Zeitungen als Defaitisten angeprangert werden, so wird das seine Richtigkeit haben. Aber bei Ihnen? Das wäre doch wohl eine allzu harmlose Bezeichnung. Damit kriegen wir den inneren Schmutz nicht weg! Sie müssen als ein anderer, als ein verwandelter Mensch vor das Gericht treten! Mit einer Art von Sühnebereitschaft, von innerer Sühnebereitschaft. Mit einem Wort wie Defaitist kommen wir da an die Sache nicht heran. Also: ich bin ein, beziehungsweise eine – und vielleicht sollte man hier grammatisch ruhig beim weiblichen Geschlecht bleiben.

ANGEKLAGTER Herr Vorsitzender, ich bin so einer nicht!

RICHTER Ich bin so einer nicht ... Sagen Sie mal, wie oft habe ich Ihnen eigentlich schon erklärt, in aller Ruhe und Eindringlichkeit, Sie sollen sich in klaren Aussagesätzen äußern. Ich bin so einer nicht. Wo ist hier das entsprechende Substantiv? Was soll hier dieser unbestimmte Artikel? An der Lokuswand, da haben Sie sich ja auch nicht vage ausgedrückt – was soll jetzt hier diese Verschleierung? Außerdem, was hängen Sie hier so windschief herum? Nehmen Sie gefälligst die Hand von der Stuhllehne!

ANGEKLAGTER Entschuldigen Sie, aber mir wird manchmal was schwindlig. Die Haftzeit und –

RICHTER Sie haben hier keine Erklärungen abzugeben, Sie haben auf meine Fragen zu antworten, und sonst nichts! Die Frage ist gestellt, die Antwort steht noch aus, also bitte.

ANGEKLAGTER Herr Vorsitzender, ich möchte feststellen, wirklich, daß ich kein – also kein Homosexueller bin.

RICHTER Kein Ho-mo-sexu-eller. Nein, das sind Sie bestimmt nicht. Dafür ist schon dieses Wort zu groß. So eine, ich möchte fast sagen, klassische Bezeichnung, nicht wahr, aus dem Lateinischen, das kann für Sie einfach nicht zutreffen. Also, nun äußern Sie sich schon!

ANGEKLAGTER Ich gebe zu, ich hatte vielleicht nicht ganz den nötigen Überblick, als ich –

RICHTER Ich habe gerade noch gesagt, ich wünsche keine Erklärungen! Ich will von Ihnen lediglich hören, klipp und klar, was Sie sind. Da wird Ihnen wohl noch eine volkstümliche Bezeichnung einfallen, als ehemaligem Land- und

Transportarbeiter!

ANGEKLAGTER Herr Vorsitzender, ich weiß wirklich nicht, wie Sie das –

RICHTER Sagen Sie mal, wollen Sie hier den Betrieb sabotieren, oder sollten Sie immer noch nicht kapiert haben, worum es geht?

ANGEKLAGTER Ich weiß wirklich nicht, warum Sie da so was von mir verlangen.

RICHTER So was von mir verlangen ... Sie halten das also für eine Schikane. Der Untersuchungsrichter, der mir armem Rentner was will! Nicht wahr, so denken Sie doch, oder?

ANGEKLAGTER Ich weiß einfach nicht, warum Sie das hören wollen ...

RICHTER Weil es hier nicht allein darum geht, um es noch einmal und hoffentlich zum letztenmal zu erklären, daß lediglich Fakten zu Protokoll genommen und Sie dann in der Gerichtsverhandlung dem Tatbestand entsprechend verurteilt werden! Unsere Justiz ist kein Mechanismus. Es geht uns auch um Förderung der Selbsterkenntnis; nur sie führt zu einem verwandelten Verhalten, und das meine ich jetzt nicht allein in Hinblick auf die bevorstehende Gerichtsverhandlung. Ein Urteil wäre ja nur etwas Äußerliches oder, wie gesagt: Mechanisches, wenn es nicht mit einem Selbsturteil verbunden ist. Erst in der Synthese von Urteil und Selbsturteil kann ein Richtspruch sinnvoll sein. Haben Sie das endlich begriffen?

ANGEKLAGTER Ja.

RICHTER Dann wollen wir das jetzt auch durch die Tat beweisen. Versuchen Sie sich mal in Ihre frühere, oder wie zu hoffen steht, in Ihre zukünftige Einstellung zu versetzen gegenüber Subjekten, die sich vorzugsweise in öffentlichen Bedürfnisanstalten herumtreiben und hier nicht allein abartigen Tendenzen nachgehen, sondern auch zu denen gehören, die dort die Wände beschmieren: wie würden Sie so jemand beurteilen, wie ihn bezeichnen? Bedienen Sie sich dabei ruhig Ihres diesbezüglichen Sprachschatzes: nehmen Sie die Bezeichnung aus der Sphäre, der Ihr Verhalten entsprach.

ANGEKLAGTER Aber wenn Sie sagen, ich soll mich da so ausdrücken, also wie man das da so tut – es ist bestimmt nicht der Fall, daß ich irgendwie in dieses Milieu gehöre! Wirklich nicht.

RICHTER Nun sagen Sie erst mal eines: hören Sie sich eigentlich nie selbst zu, wenn Sie reden?

ANGEKLAGTER Doch, warum?

RICHTER Wer nur ein wenig, nur ein ganz klein wenig auf seine Redeweise achtet, der würde sich nicht entblöden, so daherzureden! Mich-da-so-ausdrücken-also-wie-man-das-da-so-tut: ich habe mir das notiert. Was tut? Wie tut? Wo tut? So was muß man sich mal vergegenwärtigen! Mich da so ausdrücken, also wie man das da so tut. Ich will Ihnen mal was sagen, ganz sachlich: wenn ich so etwas in einem Protokoll lesen würde, ohne den betreffenden Angeklagten zu sehen oder zu kennen, da müßte ich zwangsweise auf Infantilität schließen oder eben auf Senilität. Und so etwas wagt an der Obersten Führung Kritik zu üben! Aber der Ausdruck Kritik ist hier natürlich viel zu hoch gegriffen, der setzt ja Intelligibilität voraus. Mich da so ausdrücken, also wie man das da so tut . . . Sprechen Sie das mal nach, damit Ihnen endlich bewußt wird, wie Sie hier auf uns wirken müssen!

ANGEKLAGTER Sie meinen, ich soll das –

RICHTER Ja, Sie sollen sich hier selbst zitieren, laut und bewußt. Damit Ihnen endlich ins Bewußtsein dringt, was Sie uns hier zu bieten wagen. Das ist eine, wie Sokrates sagen würde, propaideutische Hilfestellung – aber das verstehen Sie natürlich nicht. Über den sachlichen Kern Ihrer nebulösen Äußerungen werden wir uns gleich noch unterhalten – jetzt möchte ich erst einmal diese Wortreihe aus Ihrem Mund wiederholt haben.

ANGEKLAGTER Ich habe also gesagt –

RICHTER Diese Einleitung können Sie sich sparen. Nur das Zitat!

ANGEKLAGTER Mich so zu äußern –

RICHTER Ausdrücken!

ANGEKLAGTER Ja: mich so ausdrücken, wie man das also so tut.

RICHTER Ich habe Ihnen gesagt, ich will es wortgetreu hören! Noch mal von vorne.

ANGEKLAGTER Mich so ausdrücken, also wie man das da so tut.

RICHTER Stimmt immer noch nicht.

ANGEKLAGTER Aber ich habe doch –

RICHTER Ich habe gesagt, es stimmt nicht! Außerdem sprechen Sie es diesmal gefälligst langsam aus, mit einer Pause zwischen jedem Wort – wir wollen da jetzt nicht wieder so darüber hinweghuschen, da hat das Ganze ja keinen Zweck!

ANGEKLAGTER Mich so ausdrücken, also wie ich das –

RICHTER Man! Wie man!

ANGEKLAGTER Wie man das –

RICHTER Und wo bleibt jetzt das Also? Das wird einfach geschlabbert, wie?

ANGEKLAGTER Mich da so ausdrücken, wie man das also –

RICHTER Jetzt merken Sie wohl selbst, wie wenig Sie sich beim Reden zuhören! Wenn Sie das täten, ab und zu wenigstens, da würden Ihnen die Ohren klingen! Das Also haben Sie vorher eingeschoben, ich sagte es Ihnen schon. Nun ziehen Sie daraus gefälligst die Nutzanwendung!

ANGEKLAGTER Mich da so auszudrücken –

RICHTER Wie kommt jetzt das Zu hier herein?

ANGEKLAGTER Mich so ausdrücken –

RICHTER Nun fehlt wieder was!

ANGEKLAGTER Herr Vorsitzender –

RICHTER Reiß dich zusammen, sonst ist meine Geduld am Ende! Mit Ihnen vertrödelt man eine Zeit, das ist bald nicht mehr zu verantworten! Mich-da-so-aus-drük-ken –

ANGEKLAGTER Mich da so ausdrücken, also –

RICHTER Ja, weiter, weiter!

ANGEKLAGTER Mich da so ausdrücken, also wie man das da so sagt.

RICHTER Jetzt muß er das zum Schluß schnell wieder verpatzen! Tut, haben Sie gesagt: tut! Tut und nicht sagt! Ob man etwas sagt oder ob man etwas tut, das ist ein himmelweiter Unterschied. Nun sagen Sie es schon, aber komplett, im Zusammenhang, wenn ich bitten darf!

ANGEKLAGTER Mich da so ausdrücken, also wie man das da so tut.

RICHTER Gott seis getrommelt und gepfiffen! Und jetzt wiederholen Sie das gleich, damit sich das einprägt.

ANGEKLAGTER Mich da so ausdrücken, also wie man das da so tut.

RICHTER Und dasselbe noch einmal, damit Sie lernen, sich selbst zuzuhören.

ANGEKLAGTER Mich da so ausdrücken, also wie man das da so tut.

RICHTER Etwas langsamer – wir wollten ja nicht darüber hinweghuschen. Sie müssen da sozusagen jedes Wort ab –

ANGEKLAGTER Mich da so –

RICHTER Sie wollen mich wohl ausreden lassen, ja?

ANGEKLAGTER Entschuldigen Sie.

RICHTER Das will ich auch gemeint haben. Also los, zum schönen Abschluß das Ganze noch mal. Seien Sie froh, daß ich Ihnen nicht Ihr ganzes Zitat zu Gemüte führe, da würden Sie ja noch morgen früh hier rumstottern. Also, bitte.

ANGEKLAGTER Mich da so ausdrücken, wie man das – Entschuldigung: also wie man das, mich da so ausdrücken, also wie man das da so tut.

RICHTER Und weil's so schön war, gleich noch einmal, sauber, Silbe für Silbe, das müssen Sie richtig abschmecken, diesen Absud.

ANGEKLAGTER Mich da so ausdrücken, wie man, also – Mich da so ausdrücken, also wie man das da so tut.

RICHTER Wie-man-das-da-so-tut. Na, das war ja eine Schwergeburt. Das würde ich fast schon als Steißlage bezeichnen. Und dann war es doch nur ein Windei, sozusagen. Was Ihnen aber wohl hoffentlich bewußt geworden ist, dafür haben wir diese Übung ja nun angesetzt.

ANGEKLAGTER Ja.

RICHTER Ist es Ihnen wirklich bewußt geworden?

RICHTER Es ist mir wirklich bewußt geworden.

RICHTER Dann können wir ja mal zum Sachlichen, zum Inhalt übergehen, soweit man bei derartiger Äußerungsweise von Inhalt reden kann, was ja schon etliches Entgegenkommen voraussetzt. Sie haben sinngemäß gesagt, um das mal eben zu rekapitulieren: Sie könnten hier keine zutreffenden Ausdrücke vortragen, wie sie Ihnen aus Ihrem speziellen Milieu her geläufig sein müssen, denn Sie bestreiten, diesem Milieu angehört zu haben. Ein kleiner, dummer Leugnungsversuch – auf diese Ebene wollen wir uns nicht mehr herabbegeben! Deshalb ein zweiter Anlauf: versuchen Sie sich endlich einmal selbst zu beurteilen, falls sich noch ein Rest von dem Anstandsgefühl erhalten hat, an das ich die ganze Zeit schon appelliere. Versuchen Sie sich vorzustellen, Sie säßen hier sozusagen vor sich selbst und betrachten sich in Ihrer ganzen Erbärmlichkeit – wie würden Sie solch ein Subjekt bezeichnen müssen?

ANGEKLAGTER Herr Vorsitzender, wie ich das geschrieben habe, das hat wirklich nichts mit diesen anderen Sachen zu tun! Ganz bestimmt nicht. Ich kann das beschwören!

RICHTER Wir wollen hier so langsam zum Abschluß kommen, ja? Ich warte auf das Wort, das Ihren inneren, ich muß schon sagen: Aggregatzustand erhellt. Das Wort, das uns zeigt, daß Sie endlich zu sich selbst durchgestoßen sind. Also, wie würden Sie von dieser Stelle aus ein Subjekt zu beurteilen haben, dessen bevorzugter Aufenthaltsort eine öffentliche Bedürfnisanstalt ist, um abartigen Neigungen nachzugehen und das hier den üblichen Wandbeiträgen einen weiteren hinzufügt, der sich durch sogenannten politischen Inhalt abzuheben versucht, in Wirklichkeit aber nichts ist als Dokumentation schmuddeliger Senilität?

ANGEKLAGTER Herr Vorsitzender, ich bin nicht so, wie Sie das da so –

RICHTER Nicht so, wie Sie das da so! Nun sagen Sie mal, wozu hatte ich vorhin eigentlich diese kleine Stilübung mit Ihnen angestellt, wenn Sie weiterhin derart herumsudeln? Ohne jede Selbstkontrolle! Ich erwarte von Ihnen, daß Sie sich hierzu in entsprechender Form äußern.

ANGEKLAGTER Also, ich bitte um Entschuldigung.

RICHTER Und wie oft muß ich noch sagen, daß Sie hier laut und verständlich reden sollen? Ich murmel ja auch nicht zwischen den Zähnen daher.

ANGEKLAGTER Ich bitte um Entschuldigung.

RICHTER Weiter, weiter.

ANGEKLAGTER Wie: weiter?

RICHTER Ja, wofür? Wofür bitten Sie um Entschuldigung? Das muß doch wohl mit in den Satz rein, oder nicht?

ANGEKLAGTER Ich wollte also sagen –

RICHTER Das war wiederum überflüssig! Daß Sie etwas sagen, ist auf Grund meiner Aufforderung selbstverständlich!

ANGEKLAGTER Ja.

RICHTER In Gottes Namen denn, tragen Sie Ihren Satz endlich vor. In Reinschrift.

ANGEKLAGTER Ich bitte um Entschuldigung, weil ich mich eben so unklar geäußert habe.

RICHTER So, und damit sich das setzt und einprägt, wollen wir das dreimal schön deutlich wiederholen.

ANGEKLAGTER Ich bitte um Entschuldigung, daß ich mich –

RICHTER Weil ich mich, haben Sie gesagt!

ANGEKLAGTER Ich bitte um Entschuldigung, weil ich mich eben so unklar geäußert habe. Ich bitte um Entschuldigung, weil ich mich eben so unklar geäußert habe. Ich bitte um Entschuldigung, weil ich mich eben so unklar geäußert habe.

RICHTER So, und jetzt will ich endlich den gewünschten Ausdruck hören! Das muß jetzt aber hopp, hopp gehen! Selbsterkenntnis ist der erste Schritt – wohin?

ANGEKLAGTER Zur Besserung.

RICHTER Na, das kann er ja noch. Also, dann wollen wir mal ...

ANGEKLAGTER Ich bitte um Entschuldigung, aber ich kenne da wirklich keine –

RICHTER Ich will hier keine Erklärungen, ich will den Ausdruck hören! Und zwar von Ihnen persönlich! Wir wollen, wie ich schon sagte, wissen, wie sie beschaffen sind, die Feinde der Obersten Führung, wir wollen sie in der ganzen Niedrigkeit, Erbärmlichkeit, Schmierigkeit bezeichnet haben! – Sie wollen sich nicht äußern?

ANGEKLAGTER Ich kann das nicht so sagen, wirklich nicht, keinesfalls.

RICHTER Na, Sie geben hier ja Erweise Ihres Geisteszustandes ab, die könnten deutlicher gar nicht sein! Damit wir aber nun endlich zum Ziel gelangen, will ich hier einen Vorschlag machen, einen Auswahlvorschlag – Sie brauchen anscheinend einen gewissen Anstoß! Was ich vorschlage, sind freilich keine definitiven Bezeichnungen, Sie müssen da schon selbst einen treffenden Ausdruck finden – es ist nur, wie gesagt, ein kleiner Anstoß. Was halten Sie hier nun a) von Schmierfink oder b) von Schmutzfink? – Nun spiel nicht die Jungfrau, Opa, mach voran!

ANGEKLAGTER Herr Vorsitzender, verstehen Sie bitte, aber ich gehöre nicht zu den Leuten, bestimmt nicht, die aus so abartigen Gründen, die sich aus abartigen Gründen in den Toiletten herumtreiben. Ich habe bestimmt nichts damit zu tun. Ganz bestimmt nicht.

RICHTER Ich habe Ihnen schon mehrfach zu erkennen gegeben, daß wir uns hier mit simplen Dementis nicht mehr aufhalten wollen. Für Sie ist jetzt hier sozusagen der Augenblick der Wahrheit gekommen! Benennen Sie Ihren Aggregatzustand beim Namen, das hat dann vielleicht kathartische Wirkung. Falls Sie keinen eigenen Vorschlag beibringen können, so entscheiden Sie sich für eine der angebotenen Formulierungen. Aber da erwarte ich, daß die laut und verständlich vorgetragen wird. Sie sind also a) ein Schmutzfink, wobei wir selbstverständlich das Wörtchen »schwul« mitzudenken haben oder –

ANGEKLAGTER Herr Vorsitzender, ich habe bestimmt nichts in dieser Richtung getan. Ganz bestimmt nicht.

RICHTER Von welcher Richtung reden Sie jetzt? Von der anderen Richtung?

ANGEKLAGTER Also, da in Beziehung zu dem Schwulen –

RICHTER Also, da in Beziehung zu dem Schwulen. Was soll ich jetzt nun wieder mit diesem amorphen Genuschel anfangen?

ANGEKLAGTER Ich wollte sagen, daß dieser Vorwurf auf mich nicht zutrifft.

RICHTER Welcher Vorwurf?

ANGEKLAGTER Daß ich abartig wäre.

RICHTER Sie meinen schwul?

ANGEKLAGTER Ja, oder so.

RICHTER Ja oder nein?

ANGEKLAGTER Nein.

RICHTER Soll das heißen, Sie entscheiden sich für den Schmierfink?

ANGEKLAGTER Ich bin bestimmt nicht abartig.

RICHTER Also sind Sie ein Schmierfink? Und dazu, in Klammern sozusagen, ein hirnloser Schmierfink?

ANGEKLAGTER Aber wenn ich da geschrieben habe –

RICHTER Ja oder nein! Einen dritten Vorschlag haben Sie noch nicht geliefert, also bleiben wir solange bei dieser Alternative. Dann tragen Sie Ihr Sprüchlein mal vor.

ANGEKLAGTER Herr Vorsitzender, wenn ich das noch sagen dürfte: die äußeren Umstände, das war bestimmt nicht richtig. Aber das ist doch nicht bloß von selbst gekommen, aus Langeweile und –

RICHTER Sondern? Doch wohl nicht auf Grund von Informationen und Überlegungen – in diesem Stadium der Voruntersuchung werden Sie das nicht mehr ernsthaft zu behaupten wagen! Es hat sich ja nun endgültig erwiesen, daß solch eine Anschrift mit der in ihr enthaltenen Aufforderung in keiner Weise auf Überlegung basieren kann. Da bleibt also nur der eine Schluß übrig: das ist hirnlos dahingeschmiert worden! Und das wollen wir deshalb in klarer Anerkennung des Tatbestandes und damit zugleich in klarer Selbsterkenntnis ausgesprochen hören!

ANGEKLAGTER Herr Vorsitzender, es tut mir leid, daß ich das da hingeschrieben habe. Aber man hatte, also ich hatte –

RICHTER Sie hatten nicht überlegt, was Sie da schrieben, ich weiß. Sie schrieben dahin, was Ihnen gerade in den Kopf kam! Da war plötzlich eine leere Fläche, auch innerlich, und die mußte ausgefüllt werden, und da schrieb nun Ihre Hand, was Ihr rudimentärer Verstand nicht gutheißen kann, was Sie ja selbst auch bestätigt haben. Welche Bezeichnung trifft nun auf Leute zu, die derart hirnlos die Wände beschmieren?

ANGEKLAGTER Herr Vorsitzender, es kann ja sein, daß ich die Lage nicht ganz richtig sehe –

RICHTER Das allerdings fürchte ich auch!

ANGEKLAGTER Aber bestimmt, ich habe das nicht einfach so dahingeschmiert.

RICHTER Soll das heißen, Sie hätten nicht hirnlos gehandelt?

ANGEKLAGTER Ich habe mir das bestimmt überlegt.

RICHTER Wenn man aber nun einsieht, bei klarem Bewußtsein, daß es keine sachlichen Gründe für solch eine Parole gibt, so bleibt nur der Schluß, daß sie unter Ausschaltung von Hirn und Verstand hingeschrieben wurde, oder?

ANGEKLAGTER Herr Vorsitzender –

RICHTER Das ist eine Frage, auf die ich die Antwort Ja oder Nein erwarte. Und wie haben Sie auf solche Fragen zu antworten?

ANGEKLAGTER Mit Ja oder Nein.

RICHTER Also noch einmal: Wo unter Ausschaltung von Hirn und Verstand gehandelt wird, trifft da nicht zwingend die Bezeichnung »hirnlos« zu? Und wenn man diese Frage bejaht, und hier bleibt ja wohl keine andere Möglichkeit, muß man daraus nicht zwingend den Schluß ziehen, daß es sich hier um einen hirnlosen Schmierfink handelt? Ja oder nein?

ANGEKLAGTER Wenn ich nur einen Satz –

RICHTER Sie kennen unsere Spielregeln! Ja oder nein?

ANGEKLAGTER Nein.

RICHTER Wie Sie meinen. Wer nicht a sagen will, muß dann wohl b sagen. Also, was sind Sie? Und diese Frage wird jetzt klar und im vollen Bewußtsein des Sinnes beantwortet. Ich bin ein – bittesehr!

ANGEKLAGTER Ich bin ein Schmutzfink.

RICHTER Ich habe nichts gehört.

ANGEKLAGTER Ich bin ein Schmutzfink.

RICHTER Das lag auch noch unterhalb der Hörschwelle; ich möchte das laut und deutlich hören!

ANGEKLAGTER Ich bin ein Schmutzfink.

RICHTER War das laut, war das deutlich? Das war keins von beiden, das war überhaupt nichts! Noch mal also.

ANGEKLAGTER Ich bin ein Schmutzfink.

RICHTER Sind Sie so schwach auf der Lunge? Das muß groß und deutlich hier im Raume stehen, also!

ANGEKLAGTER Ich bin ein Schmutzfink.

RICHTER Das war schon relativ besser, aber es war immer noch nicht ausreichend. Tja, die Einübung in die Selbsterkenntnis fällt schwer, wenn man sich sein ganzes, sinnloses Leben lang daran vorbeigedrückt hat. Aber jetzt zum Schluß wollen wir das schnell noch erfassen, nicht wahr? Also, was sind Sie?

ANGEKLAGTER Ich bin ein Schmutzfink.

RICHTER Sie sollen das nicht so mechanisch repetieren, das wollen wir sauber, Silbe um Silbe, hervorbringen, damit sich das auch Silbe um Silbe in das Bewußtsein einpflanzt: Ich-bin-ein: so muß es gehen. Und nicht: ichbinein ... Worauf warten Sie noch?

ANGEKLAGTER Ich bin ein Schmutzfink.

RICHTER Und an welches Beiwort hat man da natürlich zu denken?

ANGEKLAGTER Schwul?

RICHTER Das klang schon so ungefähr richtig, aber das möchte ich laut hören.

ANGEKLAGTER Schwul.

RICHTER Nun machen Sie sich mal innerlich frei, schreien Sie es heraus, daß es in den Gang schallt!

ANGEKLAGTER Schwul!

RICHTER Eben, das muß ja nun in Ihrem Hirn etliche Verkrustungen durchbrechen! So, und jetzt sagen wir das schön komplett auf, damit es sich einprägt.

ANGEKLAGTER Ich bin ein schwuler Schmutzfink.

RICHTER Nein, nein, so geht das nicht: die Silben müssen gestochen scharf sein, Sie müssen hier eine Art Silbenstechen betreiben, müssen jede Silbe abschmecken, nur so geht das in Sie ein. Also –

ANGEKLAGTER Ich bin ein schwuler Schmutzfink.

RICHTER Und noch mal.

ANGEKLAGTER Ich bin ein schwuler Schmutzfink.

RICHTER Und wiederum ohne Beiwort.

ANGEKLAGTER Ich bin ein Schmutzfink.

RICHTER Und mit Beiwort.

ANGEKLAGTER Ich bin ein schwuler Schmutzfink.

RICHTER Und ohne Beiwort.

ANGEKLAGTER Ich bin ein Schmutzfink.

RICHTER Und mit Beiwort.

ANGEKLAGTER Ich bin ein schwuler Schmutzfink.

RICHTER Nun lassen wir das Beiwort wieder weg, es wird sich jetzt wohl sinngemäß in das Hauptwort eingefärbt haben.

ANGEKLAGTER Ich bin ein schwu –

RICHTER Das Beiwort fällt weg, habe ich gesagt!

ANGEKLAGTER Ich bin ein Schmutzfink.

RICHTER Und das wiederholen wir jetzt.

ANGEKLAGTER Ich bin ein Schmutzfink.

RICHTER Und noch einmal.

ANGEKLAGTER Ich bin ein Schmutzfink.

RICHTER Da capo.

ANGEKLAGTER Ich bin ein Schmutzfink.

RICHTER Sehen Sie, das muß wie in der Schule gehen, wenn

man fünfzigmal abschreiben mußte, daß man im Unterricht nicht schwätzen oder fressen darf. Und mir scheint bitter nötig, daß Ihnen noch ein bißchen Schulerziehung nachgeliefert wird. Deshalb das gleiche jetzt noch mal, und zwar zehnfach. Ordentlich, sauber, Silbe um Silbe.

ANGEKLAGTER Ich bin ein Schmutzfink. Ich bin ein Schmutzfink. Ich bin ein Schmutzfink. Ich bin ein Schmutzfink. Ich bin ein Schmutzfink. Ich bin ein Schmutzfink. Ich bin ein Schmutzfink. Ich bin ein Schmutzfink. Ich bin ein Schmutzfink. Ich bin ein Schmutzfink. Ich bin ein –

RICHTER Zehnmal, habe ich gesagt. Und nicht elfmal! Sie können wohl nicht mal zählen, wie? Außerdem soll das nicht so mechanisch heruntergerasselt werden. Das soll sich einprägen, das muß mit jeder Wiederholung tiefer in Sie eindringen. Damit das nun besser klappt, wollen wir uns den Inhalt dieses kleinen Aussagesatzes bewußtmachen. Denn nur durch rückhaltlose Selbsterkenntnis können Sie die nötige Umkehr in sich vollziehen. Die Strafe soll ja in der Gerichtsverhandlung nicht von außen her auferlegt werden, sie muß von innen her, ich möchte fast sagen: gewünscht werden. Nur so kann der Prozeß zugleich Beginn eines tieferen Prozesses sein. Und damit dieser Prozeß in seiner doppelten Wortbedeutung ausgelöst werden kann, müssen Sie in einer entsprechenden inneren Haltung, in einer Art Sühnebereitschaft vor das Gericht treten. Die Strafe, die Sie für sich fordern, müßte dabei weit über die beantragte Strafe hinausgehen. Diese Bereitschaft setzt aber, wie gesagt, einen entsprechenden Grad von Selbsterkenntnis voraus. Also, Sie haben sich wiederholt als Schmutzfink bezeichnet. Das soll aber nicht nur äußerlich dahingesagt sein, das muß in seinem Sinn von der Wurzel her erfaßt werden. Deshalb werden Sie mir jetzt sagen, durch welche Verhaltensweise sich ein Schmutzfink auszeichnet, wo er sich vorzugsweise aufhält.

ANGEKLAGTER Ja, im Schmutz.

RICHTER Und jetzt der komplette Aussagesatz!

ANGEKLAGTER Ein Schmutzfink, der hält sich im Schmutz auf.

RICHTER Ja, er hält sich im Schmutz auf. Und warum hält er sich vorzugsweise im Schmutz auf?

ANGEKLAGTER Weil er ein Schmutzfink ist?

RICHTER Weil der Schmutz sein Element ist. Wiederholen Sie das.

ANGEKLAGTER Der Schmutzfink hält sich im Schmutz auf, weil der sein Element ist.

RICHTER Weil der Schmutz sein Element ist. Da capo!

ANGEKLAGTER Der Schmutzfink hält sich im Schmutz auf, weil der Schmutz sein Element ist.

RICHTER Er hält sich im Schmutz auf, sein Element ist der Schmutz, er liebt den Schmutz. Oder drücken wir es allgemeiner aus, damit die Übertragung nicht so schwerfällt: er liebt die Schmutzereien. So, und das wollen wir jetzt mal schön in die Ichform übertragen, damit sich der notwendige Bezug einstellt. Das muß jetzt aber flink gehn.

ANGEKLAGTER Ich bin ein Schmutzfink, und ein Schmutzfink hält –

RICHTER Der Schmutzfink, der sich im Schmutz aufhält, sind Sie! Das wird demnach unmißverständlich in dieser Form ausgedrückt.

ANGEKLAGTER Ich bin ein Schmutzfink, und ich, also ich halte mich im Schmutz auf.

RICHTER Aus? Vorbei? Mehr nicht?

ANGEKLAGTER Ich bin ein Schmutzfink, und ich halte mich im Schmutz auf, und der Schmutz, das ist mein Element.

RICHTER Und der Schmutz, das ist –

ANGEKLAGTER Und der Schmutz ist mein Element.

RICHTER Und wozu all diese Unds? Und, und, und – das ist doch wohl reichlich primitiv, oder?

ANGEKLAGTER Ich bin ein Schmutzfink, und, Entschuldigung: Ich bin ein Schmutzfink, ich halte mich im Schmutz auf, der Schmutz ist mein Element.

RICHTER Sie sind ein Schmutzfink, Sie halten sich im Schmutz auf, der Schmutz ist Ihr Element. Nun ist das Wort Schmutz ja eine allgemeine Bezeichnung, die bei Ihnen eine ganz spezifische Bedeutung hat. Frage also: worin besteht der Schmutz, der Ihr Element war? Wohin gingen Ihre Tendenzen? – Wenn Sie hier stur spielen, wir können Ihnen ohne weiteres einen entsprechenden Aufenthalt in der Dunkelzelle vermitteln – vielleicht kriegen Sie da endlich die entsprechende Fasson! Also.

ANGEKLAGTER Herr Vorsitzender, ich bin aber doch –

RICHTER Ich merke schon, Sie sind nicht in der Lage, die simpelsten Fragen sinngemäß zu beantworten. Und so was meint, politische Parolen verbreiten zu dürfen! Durch Ihr Verhalten beweisen Sie unablässig, daß wirklich nur ein Hirnloser solche Anschriften verfassen konnte!

ANGEKLAGTER Bitte, Herr Vorsitzender, wenn ich –

RICHTER Ich habe Ihnen jetzt nicht das Wort erteilt! Und stellen Sie sich vor allem endlich mal anständig hin!

ANGEKLAGTER Entschuldigung, aber all das vorher, und das lange Stehen hier und diese trockene Luft, ich bin wirklich –

RICHTER Ja gewiß, gewiß, Sie brauchen Ihren kühlen, feuchten Pissoirgeruch. Da können Sie sich dann stundenlang herumtreiben, das kennen wir! Wenn Ihnen daran liegt, daß wir hier bald fertig werden, dann sagen Sie klar und deutlich, was von Ihnen gewünscht wird. Sagen Sie es im vollen Bewußtsein der Wortbedeutung. Solange in Ihrem Hirn nicht groß und unauslöschlich geschrieben steht, was Sie sind, solange kann ich Sie hier nicht rauslassen. Solange haben Sie noch nicht die Einstellung gefunden, mit der allein Sie vor das Gericht treten können. Ihr Selbsturteil muß Ihnen so selbstverständlich werden wie Ihre, meinetwegen wie Ihre Augenfarbe: das muß sich unveränderlich in Ihr Bewußtsein einfärben. Auch wenn das jetzt vielleicht noch zweifelhaft erscheinen mag, durch entsprechende Wiederholungen werden wir das schon erreichen. Nun fangen Sie schon an!

ANGEKLAGTER Ich bin ein Schmutzfink.

RICHTER Und gleich noch mal.

ANGEKLAGTER Ich bin ein Schmutzfink.

RICHTER Ja, und was denken Sie dabei, an welches Beiwort?

ANGEKLAGTER Schwul?

RICHTER Und gleich das Ganze.

ANGEKLAGTER Ich bin ein schwuler Schmutzfink.

RICHTER Und das sprechen Sie mit vollem Bewußtsein der Bedeutung aus?

ANGEKLAGTER Ich habe bestimmt –

RICHTER Kommen Sie, kommen Sie, ich möchte es hören!

ANGEKLAGTER Ich bin ein Schmutzfink.

RICHTER Aha, Sie sind ein Schmutzfink. Sie sagen, Sie sind ein Schmutzfink?

ANGEKLAGTER Ich bin ein Schmutzfink.

RICHTER Sie sind ein Schmutzfink, aha. Sie sind ein kleiner, schmutziger Schmutzfink?

ANGEKLAGTER Ich bin ein Schmutzfink.

RICHTER Fügen Sie die Wörtchen hinzu!

ANGEKLAGTER Ich bin ein kleiner, schmutziger Schmutzfink.

RICHTER Damit können Sie sich doch wohl kaum zufriedengeben, nun machen Sie schon!

ANGEKLAGTER Ich bin ein kleiner, schmutziger, ich bin ein schwuler Schmutzfink.

RICHTER Aha, das wird schon besser, das werden wir fortsetzen! Bis Sie nicht mehr davon loskommen, bis für Sie nur noch dieses eine Wort da ist und nichts anderes mehr: Ich bin ein – bittesehr!

ANGEKLAGTER Ich bin ein Schmutzfink.

RICHTER Ja, und wo hält der sich vorzugsweise auf?

ANGEKLAGTER Im Schmutz.

RICHTER Und was ist sein Element?

ANGEKLAGTER Der Schmutz.

RICHTER Und nichts als Schmutz, ja, so ist es. Und deshalb sind Sie ein –

ANGEKLAGTER Ich bin ein Schmutzfink.

RICHTER Das klappt schon recht gut. Diesmal wollen wir es aber noch ein wenig deutlicher hören, das darf sich nicht verwischen, das darf sich nicht abschwächen, also!

ANGEKLAGTER Ich bin ein Schmutzfink.

RICHTER Ja, das muß tief in Sie eindringen, also weiter, weiter –

ANGEKLAGTER Ich bin ein Schmutzfink.

RICHTER Und etwas langsamer. Sozusagen mit Zeitlupe, damit wir auch was davon haben, ja?

ANGEKLAGTER Ich bin ein Schmutzfink.

RICHTER Schön, und jetzt ganz langsam!

ANGEKLAGTER Ich bin ein Schmutzfink.

RICHTER Ja, das war schon ganz gut. Und jetzt wollen wir ein bißchen schneller machen, damit sich die Silben wieder verbinden, sonst zerfällt das ja. Machen Sie, machen Sie.

ANGEKLAGTER Ich bin ein Schmutzfink.

RICHTER Schneller! Und das dreimal.

ANGEKLAGTER Ich bin ein Schmutzfink. Ich bin ein Schmutzfink. Ich bin ein Schmutzfink.

RICHTER Das geht noch viel schneller!

ANGEKLAGTER Ich bin ein Schmutzfink. Ich bin ein Schmutzfink. Ich bin ein Schmutzfink.

RICHTER Ja, und jetzt das Tempo wieder ein bißchen zurücknehmen.

ANGEKLAGTER Ich bin ein Schmutzfink. Ich bin ein Schmutzfink.

RICHTER Noch langsamer.

ANGEKLAGTER Ich bin ein Schmutzfink.

RICHTER Ja, das muß fast statisch wirken: was sind Sie?

ANGEKLAGTER Ich bin ein Schmutzfink.

RICHTER Sehr schön. Und warum sind Sie ein Schmutzfink? Sprechen Sie es deutlich aus. Kommen Sie, kommen Sie!

ANGEKLAGTER Ich bin ein Schmutzfink, weil ich mich im Schmutz aufhalte, weil der Schmutz mein Element ist.

RICHTER Ja, und deshalb wollen Sie nur Ihre Schmutzereien machen, nicht wahr – nun sagen Sie's schon!

ANGEKLAGTER Ich bin ein Schmutzfink, der nur Schmutzereien will.

RICHTER Der nur Schmutzereien will. Ja, so wird es schon ... Und jetzt den Aussagesatz noch mal für sich.

ANGEKLAGTER Ich bin ein Schmutzfink.

RICHTER Und das jetzt dreimal nacheinander.

ANGEKLAGTER Ich bin ein Schmutzfink. Ich bin ein Schmutzfink. Ich bin ein Schmutzfink.

RICHTER Das muß schneller gehen, entschieden schneller.

ANGEKLAGTER Ich bin ein Schmutzfink. Ich bin ein Schmutzfink.

RICHTER Ich habe gesagt: schneller! Machen Sie schon! Viermal jetzt.

ANGEKLAGTER Ich bin ein Schmutzfink. Ich bin ein Schmutzfink. Ich bin ein Schmutzfink. Ich bin ein Schmutzfink.

RICHTER Ja, Sie sind ein Schmutzfink, und zwar ein kleiner, schwuler Schmutzfink, nicht wahr? Sagen Sie's schon!

ANGEKLAGTER Ich bin ein kleiner, schwuler Schmutzfink.

RICHTER Sie sind ein kleiner, schwuler, hirnloser Schmutzfink?

ANGEKLAGTER Ich bin ein kleiner, schwuler, hirnloser Schmutzfink.

RICHTER Ja, und das Ganze etwas schneller jetzt!

ANGEKLAGTER Ich bin ein kleiner, schwuler, hirnloser Schmutzfink.

RICHTER Da capo!

ANGEKLAGTER Ich bin ein kleiner, schwuler, hirnloser Schmutzfink.

RICHTER Und jetzt lassen wir die Beiwörter wieder weg. Was sind Sie?

ANGEKLAGTER Ich bin ein Schmutzfink.

RICHTER Weiter, weiter!

ANGEKLAGTER Ich bin ein Schmutzfink. Ich bin ein Schmutzfink. Ich bin ein Schmutzfink.

RICHTER Und wieder langsam, sehr langsam –

ANGEKLAGTER Ich bin ein Schmutzfink.

RICHTER Schön. Sehr schön. Und noch langsamer, das geht schon –

ANGEKLAGTER Ich bin ein Schmutzfink.

RICHTER Und nun ziehen wir im Tempo wieder an, kommen Sie, kommen Sie!

ANGEKLAGTER Ich bin ein Schmutzfink. Ich bin ein Schmutzfink. Ich bin ein Schmutzfink.

RICHTER Ja, weiter, weiter!

ANGEKLAGTER Ich bin ein Schmutzfink. Ich bin ein Schmutzfink. Ich bin ein Schmutzfink.

RICHTER Ja, so ist es richtig: Sie sind ein Schmutzfink, ein Schmutzfink, nichts als ein Schmutzfink. Und wodurch erweist sich das? Nun machen Sie schon, reden Sie, reden Sie!

ANGEKLAGTER Ich bin ein Schmutzfink. Ich bin, ich will nur im Schmutz, ich will mich nur im Schmutz aufhalten, weil der Schmutz mein Element ist, ich bin ein Schmutzfink, ich bin, ich bin nur ein Schmutzfink ich will nur den Schmutz weil der Schmutz ich bin nur ein Schmutzfink ich bin ein Schmutzfink ein Schmutzfink . . .

2
U-Boot-Spiel

WALTER Vergleichen wir noch mal die Werte. In der Koordinate 15 Rechenhäuschen mit den Buchstaben a bis p, das Jot lassen wir weg.

WILLI Jot ist weggelassen, jawohl.

WALTER Und von oben nach unten durchnumeriert von 1-15. Insgesamt 10 Schiffseinheiten im Planquadrat: 4 leichte à 3 000, 3 mittlere à 10 000, 2 schwere Einheiten à 15 000 Tonnen, ein Mordskaliber, 30 000 Tonnen.

WILLI Mit 4 Rechenhäuschen, ja. Die andern jeweils ein Kästchen weniger.

WALTER So ist es. Und die Wetterlage, sagen wir mal: Wind Nord 2, klar, leichte Dünung.

WILLI Wind Nord 2, klar, leichte Dünung – geht in Ordnung. Das können wir ja auch noch wechseln lassen.

WALTER Und die Losung?

WILLI Immer runter von der See!

WALTER Immer runter von der See. Na, denn wollen wir mal losschippern. Überwasserfahrt, die besten Augen in den Turm, tüchtig Frischluft ins Boot, die werden wir noch brauchen können, die Akkumulatoren aufladen und schauen, was uns das Kriegsglück so beschert. Ich bin als erster dran, das gehört sich auch so, ich gebe mit der Zehnfünf den ersten Sondierungsschuß ab, Einschlag auf k-8.

WILLI Wasser und sonst nix! Ich eröffne den ersten Gegenschlag auf f-7.

WALTER Ins Wasser geschlagen. Wohingegen ich jetzt mal probeweise auf n-7 schieße.

WILLI Da triffst du auch nichts. Aber wir werden das Wild schon aufspüren. Ich schieße auf e-11.

WALTER Dann richte deiner Wache aus, sie soll sich mal die Ferngläser putzen: da ist nichts und da war nichts. Ich schieße auf n-4.

WILLI Den Schuß hättste dir sparen können. Und jetzt ziele ich, zwecks Einsparung von Torpedos, ebenfalls mit meiner Bordkanone, sagen wir mal auf m-6.

WALTER Zielst du »sagen wir mal« oder zielst du wirklich?

WILLI Ich hab dahin geschossen.

WALTER Na gut, dann mach ein Kreuzchen.

WILLI Wie? Schon einer drin? Da hätten wir dem Herrn tatsächlich schon einen verpaßt? Ist er abgesoffen?

WALTER Sag ich dir doch nicht! Jetzt bin ich dran. Ich schieße auf g-6.

WILLI Nu leck mich: auch ein Treffer! Die Partie fängt ja gut an! Ein richtiger Doppelpaukenschlag!

WALTER Das wollen wir auch schön säuberlich ankreuzen: Treffer auf g-6.

WILLI Und ich will deinem Schiff mal näher auf die Pelle rücken. Ich schieße auf m-7.

WALTER Da ist nichts und niemand. Aber jetzt, Schwanz eingezogen, ich lasse den ersten Aal raus! Erstes Rohr 0 Grad auf vermutlich schwere Einheit, geschätzte Entfernung 400 Meter, Fahrt 10 Seemeilen, 90 Grad Schneidungswinkel, Achtung, los! Der Torpedo ist raus, tiefstes Schweigen im Boot, der Torpedo läuft schnurgerade, er zieht seine Blasen in Richtung – ja, jetzt biste gespannt, was? Er zieht immer weiter geradeaus mit seinen 300 Kilo Sprengladung, und zwar zieht er, wohin zieht er? Auf g-5.

WILLI Schön vorbeigeschnurrt! Diesen Aal biste quitt. Erbitte nun deinerseits Schwanzeinziehung, jetzt bin ich dran. Ich bleibe über Wasser, ich schicke keine Zigarre aus, ich arbeite weiterhin mit meiner Zehnfünf. Und zwar, rums, auf m-5.

WALTER Das gab eine schöne Fontäne und sonst nichts.

WILLI Na gut, machen wir eben einen Minusstrich. Aber gib zu, bei dir an Bord, da geht es schon ganz hübsch durcheinander. Da wird so manche Hose feucht. Der Pott hat bestimmt schon veränderte Trimmlage, wenn nicht bereits Schlagseite.

WALTER Ich funke keine Auskunft. Ich schieße auf f-6.

WILLI F wie futsch. So schnell wird der nun doch nicht von der Bildfläche geputzt! Ich habe inzwischen nachgeladen und setze eine Zehnfünf auf n-6.

WALTER N wie nichts und sechs wie ex.

WILLI Na, ist egal. Ich hab ja noch meine neunhundertsoundsovielneunzig Schuß an Bord, wir werden den Pott schon hochkant kriegen.

WALTER Nun gib mal nicht so viele Erklärungen ab, nachher ist die Mannschaft enttäuscht! Ich schieße auf g-7.

WILLI Da war auch nichts. Aber jetzt, mein Herr, ist der große Treffer fällig. Jetzt haben wir ihn schön eingekreist, manövrieren kann er nicht, da wollen wir in aller Ruhe den Angriff ansetzen.

WALTER Nun laß schon gehen!

WILLI Wirst du nervös? Bangst um deine Schiffseinheit, um deine Tonnage? Dann wollen wir dich mal von der Spannung erlösen und einen Torpedo losschnurren lassen auf e-6.

WALTER Na ja, gut, mach dein Trefferkreuzchen.

WILLI Bitte, hab ich's nicht vorausgesagt? Hat der Pott genug oder muß ihm eins verpaßt werden?

WALTER Während der Kampfhandlungen werden keinerlei Auskünfte erteilt.

WILLI Also, ein 10 000er war es bestimmt! Ist das vielleicht nichts? Da schau mal zu, daß deine Leute zur rechten Zeit ins Bötchen kommen, sonst geht es hinab mit ihnen in Gottes weiten Keller.

WALTER Quak nicht soviel, jetzt hol ich zum Gegenschlag aus. Ich pirsche mich heran, Diesel stoppen, Tauchklappe öffnen, Tiefenruder vorne hart unten und achtern hart oben, E-Maschinen volle Kraft voraus.

WILLI Jetzt machst du's selber spannend!

WALTER Das kann ich ja machen, wie ich Lust hab, ja? Dem werde ich jetzt mit allergrößtem Vergnügen einen verpassen, da setz dich schon mal zurecht, auf daß du den Torpedo empfangest in deinem Schiffsleibe. Die Rohre werden klargemeldet, ich habe das Schiff genau im Fadenkreuz, ich fahre nah ran, das wächst auf, wächst schön groß auf, im Boot herrscht Stille –

WILLI Die berühmte Totenstille –

WALTER Halt die Klappe, ich schreite zur heiligen Handlung! Zweites Bugrohr, Achtung! Jetzt kannst du die bekannten Stecknadeln fallen hören. Ich rufe: Los! Das Boot schüttelt sich, Torpedo ist raus! Ich lasse sicherheitshalber auf 15 Meter gehen, schaue durch das Sehrohr. Atemlose Spannung im Boot.

WILLI Wohin läuft er denn?

WALTER Das wirst du schon merken. Der läuft schön perlend los, läuft schnurgerade weiter, immer noch –

WILLI Bei der kurzen Entfernung müßte er längst dasein!

WALTER Ist er auch. Ein scharfer, metallischer Schlag, Detonation: Treffer auf h-5!

WILLI War ja auch klar. Wenn man schon so eingerahmt ist ...

WALTER Hat er genug?

WILLI Ja, war bloß ein 10 000er.

WALTER Das wollen wir uns aber trotzdem mal beschauen: Tanks ausblasen, hoch, Luke auf und in den Turm – das sieht ja hübsch aus! Der hat tatsächlich ausgelitten. Das Schiff senkt sich hinten ab, dreht sich wie ein Wal, geht kopfzeiß, das Vorschiff kieloben heraus, hebt sich höher, hebt sich noch höher, der Bug fast senkrecht, hebt sich gegen den Himmel ab, und da steht er, steht, hat ihn immer noch stehn –

WILLI Nun übertreib mal nicht!

WALTER Steht da bildschön, und jetzt, jetzt schießt er kerzengerade in die Tiefe. Einen Schnaps für die Mannschaft!

WILLI Wenn du mal eine mittlere Einheit versenkst, machst du ein Getöse, als wär das ein 30 000er!

WALTER Das ist eben psychologische Kriegführung. Prost denn! Wir stehn jetzt also pari: wie du mir 10 000, so ich dir 10 000.

WILLI Vielen Dank für den indirekten Hinweis, da kann ich mir den Schuß ja sparen!

WALTER Ich bin nun mal großzügig. Ich will dir eben ermöglichen, daß du den nächsten Schuß besser plazierst.

WILLI Das will ich auch gleich mal versuchen. Ich schieße auf f-3.

WALTER Minusstrich! Ich fahre weiter, drei Mann auf Wache, jeder sucht seinen Sektor ab, die See ölglatt, was gar nicht mal gut ist, fürs Anpirschen eventuell, da könnte man das Sehrohr sehen, den Spargel im Wasser, und dann setzt es Wasserbomben! Aber wir können nachher ja wieder für Wind sorgen.

WILLI Nun komm schon zum Schuß!

WALTER Du willst das immer bloß so auf dem Papier erledigt haben! Das ist doch langweilig. Also, wie gesagt, wir schippern weiter, haben die besten Augen im Turm, und jetzt, aha, Meldung, drei Strich backbord Rauchfahne in Sicht!

WILLI Wenn ich nur wüßte, wo bei dir Backbord ist.

WALTER Das hängt von der Fahrtrichtung ab, und die verrate ich nicht. Maschinen volle Kraft voraus, der muß runter von der See! Ich werde ihn mit der Bordkanone holen, die trägt weiter. Abschuß, rums, und Einschlag auf h-8.

WILLI Das ist zwar mittendrin, aber im Wasser! Da wollen wir gleich mal eine Retourkutsche abschicken, ich schieße auch auf h-8.

WALTER Also, das find ich ja nun blöd.

WILLI Wieso? Ist da was passiert?

WALTER Jaja, krieg dich schon ein!

WILLI Da muß ich aber nun doch lachen! Treffer auf h-8! Ein Kreuzchen auf h-8!

WALTER Brauchst dir gar nichts drauf einzubilden!

WILLI Tu ich aber trotzdem!

WALTER Ja, immer die Leute, die am wenigsten davon verstehen.

WILLI Nun werd nicht gleich sauer. Das ist doch alles bloß so . . .

WALTER Jaja, gewiß. Jetzt werden wir dir trotzdem eine verpassen! E-12.

WILLI Tut mir leid für deine Besatzung, Walter, aber da ist nichts.

WALTER Na, warten wir's ab. Wenn du schon so abwinkst – wer weiß, welche Kaliber da noch zu holen sind!

WILLI Bitte, kannst es ja versuchen . . .

WALTER Das werd ich auch. Das ist vielleicht gar kein so schlechtes Jagdrevier. Da werd ich mich ein bißchen genauer umschauen. Unterwassermarsch, damit man uns nicht zu früh ausmacht, obwohl so ein Unterwassermarsch nicht immer vergnüglich ist, da sind manchmal ganz hübsche Schweinereien vorbereitet; wenn man so durch ein Minenfeld steuert, und da schurren Stahltrossen am Bootskörper entlang, und Minenstander scharren an den Scheuerleisten, das ist gar kein hübsches Geräusch, das hat die Mannschaft nicht so gern, da hilft nur eins: das Grammophon aufkurbeln, eine Platte auflegen, Marschmusik oder Operette, und ganz laut einstellen, denn Geräusche außenbord, und du kannst nichts sehen, kannst nichts dagegen tun, mußt abwarten, ob was losgeht oder nicht, das zählt zu den weniger vergnüglichen Minuten, ich kann dir sagen.

WILLI Ja, und damit das jetzt ein bißchen weitergeht, schieße ich auf i-7.

WALTER Dort befindet sich nichts, aber auch gar nichts, mein Herr! Wogegen sich vielleicht etwas auf der Position befindet, die ich jetzt ansteure. 13 gilt zwar als Unglückszahl, aber ich werde mal einen Torpedo da hinschicken, und zwar auf e-13.

WILLI Na bitte: Volltreffer mittschiffs.

WALTER Wie – hat er genug?

WILLI Ja, eine kleine Einheit.

WALTER Na immerhin, so 3 000 Tönnchen, die nimmt man schon mal mit. Ein Transporter, sagen wir mal, mit Schwefelkies oder Pökelfleisch. Da waren's nur noch acht!

WILLI Und ich halte mich an letztere Zahl und visiere auf g-8.

WALTER G wie gar nichts.

WILLI Aber damit liegt schon die Schiffsrichtung fest: wenn ich mich erst mal eingeschossen habe –

WALTER Ich werd dir deine Pötte auch runterholen, da warte mal ab! Wir tauchen wieder auf, wechseln die Fahrtrichtung, was dienstfrei hat, krabbelt an Deck, nimmt die Lungen voll frischer Meeresluft, raucht, vertritt sich die Beine, während auf dem Turm die Wache weiterhin Ausschau hält. Und ob es dir behagt oder nicht, selbst Fips, der Bordaffe, hält mit Ausschau. Und den gebe ich nicht auf. Das ist mein Talisman, der begleitet uns auf jeder Fahrt.

WILLI Vielleicht solltest du ihn doch mal so langsam dem nächstliegenden Zoo übergeben.

WALTER Der bleibt an Bord! An so ein Tierchen kommt man schließlich nicht alle Kriegstage. Und dann auch noch zur Gattung der Meerkatzen gehörig! Das war vielleicht ein possierlicher Anblick, wie wir da in die Messe des krängenden Frachters kamen und zwischen dem verlassenen Abendbrot dieses Äffchen entdeckten. Natürlich wollte das schlaue Biest da nicht weg, auf so eine Chance hatte es schon lang gewartet: hopp, auf den Messetisch und fressen, was ihm behagt. Obermüller, ausgerechnet Obermüller erhielt nun den Befehl, den Affen zu bergen. Obermüller mußte Fips natürlich erst mal ein bißchen verfolgen, bis er ihn am Schlafittchen kriegte und dann raus, die Jakobsleiter runter mit ihm: das hat Fips aber gar nicht gefallen, senkrecht die Schiffswand runter, das wollte er nicht, und was tut er? Beißt Obermüller einfach in die Hand. Als er unten im Dingi ankam, da hat er Fips erst mal tüchtig ins blaue Meer getunkt, und was glaubst du? Das hat gewirkt! Das hat sichtlich beruhigend gewirkt. Na, und kaum war der bei uns an Bord, da war der auch schon der Liebling der ganzen Mannschaft! Sein Quartier bezog er im Hecktorpedoraum, da war es nah genug zum Smutje, und dem hat er so manches Ei geklaut. Der war also auf Eier scharf, du – dabei hatte der doch gar nichts Diesbezügliches an Bord, der arme Kerl.

Die beiden alten Männer kichern.

WALTER Eine Affe im Zölibat. Na, aber andererseits hatte er ja nun genug Abwechslung bei uns an Bord. Wie viele Bleistifte der mir aufgefressen hat, das wage ich gar nicht auszurechnen. Und zweimal das Tintenfaß ausgesoffen!

WILLI Tatsächlich?

WALTER Wenn ich's dir sage!

WILLI Da muß er ja blaue Pisse gekriegt haben!

WALTER Na, was denkst du denn?

Die Männer lachen.

WILLI Und der Stuhlgang, war der auch blau?

WALTER Weiß ich nicht. Hätte aber durchaus sein können. Die Pisse jedenfalls, die war bestimmt blau. Mit dem Pissen hat er's ja überhaupt gehabt; in der Beziehung hatte die vorige Besatzung ihn nicht gerade vorbildlich erzogen. Manchmal kam er ja mit auf Wache, und zwar meistens in Obermüllers Lederjacke, da schaute so das Köpfchen aus der Tasche raus, das war wirklich possierlich anzuschaun. Aber in dieser molligen Tasche, da ist es so manches Mal feucht geworden! Der Obermüller hat diesbezüglich natürlich kein Sterbenswörtchen verraten, aber man hat ja gesehen, wie das Leder da dunkel wurde . . .

Wieder Gelächter

WALTER Manche Leute haben so was allerdings nicht sehr gern. Zum Beispiel unser Funkenpuster, also der Funker, über dem hat er sich nachts auf die Torpedolaufschiene gesetzt, und dabei hat ihn schon mal eine Rührung übermannt, also nicht Rührung, ein Drang jedenfalls, und das ging dem Funker dann genau ins Gesicht!

WILLI Groß oder klein?

WALTER Groß und klein!

Gelächter

WALTER Du kannst dir jedenfalls vorstellen, daß wir mit dem viel Spaß gehabt haben. Der war nachher derart mit dem U-Boot-Dienst verwachsen – sobald er auf Deck die Schnell-Lüftung rauschen hörte, schwups, war er auf dem Turm und hui, hinab! Wir hatten erst gedacht, der bleibt uns mal oben, wenn wir schnelltauchen müssen, das geht ja ruck-zuck, da purzelt alles Hals über Kopf den Turm hinunter, und man kriegt die Luke grade noch zu, bevor See hereinschlägt – aber was glaubst du: sobald die Schnellüftung rauschte, war der auch schon im Turm, und mit gradezu affenartiger Geschwindigkeit war der unten! Haben wir gelacht! Obwohl es manchmal ziemlich mulmig war: entweder kam da einer bei unsichtigem Wetter plötzlich auf uns zugebraust, der es auf eine Ramming anlegte, oder wir wurden von einem Flieger angegriffen.

WILLI Na, und das will ich gleich als Stichwort nehmen und selber angreifen: wollen hoffen, daß da keine Affen an Bord sind! Nachdem die Schiffsrichtung festliegen dürfte, wird sich ja wohl ein schöner, langer, dicker Torpedo lohnen. Ich ziele mit dem ganzen Boot, löse den Torpedo und der perlt in Richtung h-9. – Ich hör nichts.

WALTER Ja, mach dein Kreuzchen, du hast getroffen.

WILLI Sag bloß, ich hab heute kein Jagdglück!

WALTER Noch ist die Partie nicht beendet. Ich werde jetzt mal die betreffende Wassergegend abgrasen, weil ich den Verdacht habe, da ist noch so manches schöne Wild zu erledigen. Was hältst du davon, wenn ich jetzt beispielsweise nach Westen fahre und eine Zehnfünf auf f-11 setze?

WILLI Davon halte ich gar nicht viel.

WALTER Ein Kreuzchen?

WILLI Bittesehr.

WALTER Da befinden wir uns ja in einer ausgesprochenen Seeschlacht, wir mir scheint! Da werde ich gleich mal nachstoßen, und zwar –

WILLI Jetzt bin ich erst dran! Ich werd dir jetzt deinen dicken Brocken schlachten, der bekommt den Fangstoß verpaßt: h-10! Treffer, wie?

WALTER Das war ja zu erwarten.

WILLI Hat er ausgelitten?

WALTER Wenn du getroffen hast, hast du eben getroffen!

WILLI Ist er weg oder nicht?

WALTER Darüber bin ich ja wohl nicht zur Auskunft verpflichtet!

WILLI Da stimmt doch was nicht. Da werd ich gleich mal –

WALTER Immer langsam, ja? Wir wollen schön ordnungsgemäß vorgehen. Ich bin am Schuß. Ich setze ein Kaliber auf f-12.

WILLI Ich kann es nicht hindern.

WALTER Treffer oder nicht?

WILLI Treffer.

WALTER Ich hatt's mir doch gedacht! Da mußte was in der Nähe sein. Der Herr hatte zu sehr auf andere Wassergegenden abgelenkt. Jetzt hab ich mich eingeschossen, da kommt der nächste Treffer ganz bestimmt.

WILLI Und meiner auch, falls es da noch was zu treffen gibt. Auf den Verdacht, auf die Hoffnung hin, daß es dein Schlachtschiff ist, will ich mich nicht lumpen lassen und einen Doppelschuß abgeben, um den Untergang würdevoll zu gestalten. Ich lasse die Torpedos mit einem Intervall von drei Sekunden rausgehen. Erstes Bugrohr fertig? Zweites Bugrohr fertig?

WALTER Nun sag schon, wo du hinschießt!

WILLI Ich kann das ja auch mal feierlich machen . . .

WALTER Ich weiß nicht, bei dir klingt das irgendwie – man merkt eben doch, daß du das nie direkt miterlebt hast. Nenn einfach das Quadrat.

WILLI Der meint immer, der muß einen herumkommandieren, der Herr Wachoffizier! Wenn das wirklich dein größtes Schiff ist, dann bin ich dem ja nun ein paar Umstände schuldig. Also, ich schieße erst mit Bugrohr 1: erstes Rohr raus! Einundzwanzig, zweiundzwanzig, dreiundzwanzig. Zweites Rohr raus! Torpedo ist raus! Und jetzt laufen die hintereinander und parallel zu auf h-11.

WALTER Amen.

WILLI Sag bloß, das war wirklich dein Dicker!

WALTER Ich hab ja nun amen gesagt.

WILLI *Triumphgelächter:* Also, da hab ich ja wirklich, Mensch, das ist also wirklich dein 30 000er gewesen? Da hab ich dir schon den dicksten Brocken weggeputzt? 30 000 Tonnen, hinab in Gottes weiten Keller? 30 000 plus 10 000, macht mittlerweile 40 000. Eine Strecke von 40 000 BRT! Das ist schon eine ganz hübsche Versenkungsziffer. Mehr als ein Drittel, nein: knapp zwei Fünftel deiner Seemacht sind schon abgesoffen. Ruhet in Frieden auf dem Meeresgrunde. – Prost, Walter!

WALTER Ja, trink schon. Ich werde jetzt noch schnell ein paar von deinen Leutchen und etliche Bruttoregistertonnen hinterherschicken! Da paß mal schön auf. Weil der Gegner natürlich gewarnt ist, fahre ich unter sparsamem Sehrohrgebrauch näher ran, und zwar Richtung f-11, merk das schon mal vor. Ich lasse den Spargel nur immer kurz die Oberfläche durchbrechen, lasse ihn gleich wieder zurückfahren. Im Bugraum wird das Torpedoausstoßrohr aus dem Ausgleichstank bewässert, die Abschußpatrone wird eingesetzt, die Mündungsklappe wird geöffnet, das Rohr schußfertig gemeldet.

WILLI Ja, und jetzt komm auch mal zum Schuß!

WALTER Nicht zapplig werden! Das wird genau durchgeführt, du hast es eben schließlich auch getan. Sonst hat die Sache ja keinen Zweck. Also, ich lasse das Sehrohr wieder rausfahren, der Fahrstuhl hebt sich rasselnd, grün vor dem Periskop, hellgrün, Schaum und jetzt die hohe Bordwand im Zielfaden, erst der Bug, der vordere Mast, dann der vordere Schornstein. Und die Schraubengeräusche immer näher. Zwotes Bugrohr los! Der Torpedo braust ab. Ich lasse beschleunigt in die Tiefe steuern und sage noch unten in die Zentrale: Etwas nah dran, hoffentlich fällt er nicht auf uns drauf. Da: der scharfe metallische Schlag, die Explosion und von unten Hurra! Und zugleich, so was ist tatsächlich vorgekommen, zugleich ein Krachen, Metall auf Metall, ein Kreischen und Dröhnen, die Glasscheiben von Manometer und Maschinentelegraph platzen, das Licht geht aus, wir legen nach backbord über, Wasser stürzt in den Turm, wir sinken, sinken schnell, das torpedierte Schiff ist auf das

U-Boot gefallen, reißt uns mit runter, Wassereinbruch, starker Wassereinbruch, da heißt es lenzen, Hauptlenzpumpe an, lenzen, lenzen! Das Licht geht wieder an, Notbeleuchtung, der Zeiger des Tiefenmanometers fällt, durch den aufklaffenden Turmluk rauscht Wasser ins Boot, die Pumpen schaffen das Wasser nicht mehr, der sinkende Dampfer reißt uns mit in die Tiefe. Was tun, was soll man bloß tun? Da gibt es nur eins: Preßluft! Lieber Gefangenschaft, als in ein-, zweitausend Meter Tiefe antreten zum Sargempfang. Den leitenden Offizier anweisen, er soll das Schiff mit Preßluft an die Oberfläche bringen! Und sobald wir oben sind, natürlich sofort wieder tauchen wegen der Zerstörer, aber nur knapp, nur antauchen und dann schauen, wie aus dem Schlamassel herauskommen. Also Preßluft auf alle Tanks! Beide Maschinen volle Kraft voraus! Auf den Tiefenmanometer starren. Wird das Schiff gehorchen? Reißen, Rucken, Schleifen, Klirren, Dröhnen, als würde etwas vom Turm weggerissen: wir kommen los, jawohl, wir kommen los, das Boot legt einen Augenblick nach steuerbord über und plötzlich – wir sind freigekommen, kein Metallgeräusch mehr, ganz plötzlich steigen wir hoch wie ein Ballon, steigen, steigen, durchbrechen die Oberfläche, das Schiff abfangen, Schnellentlüftung auf und gleich wieder in zehn Meter Tiefe hinab: das heißt von Düvels Schüppe hüppen!

WILLI Toll, ja . . .

WALTER Tja, mein Lieber, was U-Boot-Krieg bedeutet, davon macht sich eine Landratte letztlich doch keinen Begriff: da geht es hart auf härter! Deine schwere Einheit ist jedenfalls endgültig abkommandiert zu Neptun.

WILLI Aber du wärst auch nicht gut dran, wenn das so abgelaufen wäre: die Sehrohre sind doch das erste, was bei so einer Havarie abknickt. Da wärst du jetzt ein blindes Huhn im Ozean.

WALTER Gar nicht so schlecht. Du hast was gelernt, inzwischen. Ja, bei solch einem Zwischenfall ist die Bestandsaufnahme nicht überaus erfreulich: die Sehrohre abgebrochen, Nietbolzen vom Turm abgesprengt, Stützen für Minenabweiser abgebogen, am Wellenbrecher rote Schiffsbodenfarbe, und innen, da hätte man auch Moleste: bei so einem

Salzwassereinbruch bekommen oft die elektrischen Leitungen Schluß. Da geht man also besser nicht ganz so nah ran. Aber jedenfalls, dein Kahn, der hat jetzt ausgelitten; begießen wir den Seesieg. Prost.

WILLI Prost, Chef.

WALTER Mit dem Sehrohr, wirklich, da hast du ganz recht: die Folgen solch einer Havarie sind nachträglich, auf dem Heimmarsch, so manchem U-Boot zum Verhängnis geworden. Aber einmal, da hat sich auch das vorteilhaft ausgewirkt: eine verrückte Geschichte, die muß ich dir eben noch erzählen. So ein havariertes U-Boot schippert Richtung Heimathafen, da, plötzlich: Alarm! Ein Flugzeug hatte sich von der Sonne her angepirscht und brummt heran: Alle Mann ins Schiff, schnelltauchen! Und während das Boot anbläst, klopft es draußen. Klopft ganz deutlich! Ein Mann ist oben geblieben. Soll man den aufgeben? Der Kommandant gibt Befehl, den reinzuholen: Turmluk auf, herunterpurzelt mit einem dicken Wasserschwall der Heizer und ruft in höchsten Tönen auf sächsisch: Runder, runder, Fliescher, Fliescher! Und das halbangeblasene Boot taucht unter. Und erst in zwanzig Meter Tiefe, stell dir vor, hört man die ersten Bombenexplosionen. Könntest du dir so was erklären?

WILLI Ja, der feindliche Flieger hatte das schiefstehende Sehrohr für eine Flak gehalten und das Heizerlein, das da herumhampelte, für die eifrige Geschützbedienung: da hat man erst mal ein bißchen Abstand gehalten ...

WALTER Woher weißt du das denn?

WILLI Die Geschichte hab ich auch mal irgendwo gelesen.

WALTER Na, dann ist ja gut. Wenn du alles schon weißt, brauch ich mich ja gar nicht zu bemühen. Dann können wir das ja hier so auf dem Papier erledigen.

WILLI Aber nun werd doch nicht gleich sauer. Du weißt ja, ich hör solche Sachen immer wieder gern. Das gehört dazu. Komm, zwitschern wir noch einen. Wir haben beide schon ganz hübsche Portiönchen von der Bildfläche geputzt: du hast mehr Schiffseinheiten erledigt, ich hab die höhere Versenkungsziffer, das gleicht sich irgendwie aus. Prostata.

WALTER Skol!

WILLI So, und jetzt laden wir die Ersatztorpedos nach und

machen schon mal die wasserdichten Hüllen vom nächsten Granatendutzend ab: weiter auf der Pirsch!

WALTER Gut, kringeln wir noch was herum. Weißt du, eigentlich fehlt ja so das Kroppzeug, das man mit Sprengpatronen erledigt, weil ein Torpedo, und sogar Granaten zu schade dafür sind. Das müßten wir eigentlich auch mal einführen, als halbe Punkte, sozusagen: das erhöht den Umsatz und hält die Leute frisch. Wenn man so tagelang vergeblich auf der Pirsch ist und nichts, aber auch gar nichts will einem vor die Rohre kommen, da ist es zur Abwechslung richtiggehend erfrischend, wenn man zum Beispiel einen kleinen Küstenfrachter umlegt. Da kommt also erst mal das Signal: Bringen Sie Ihre Papiere! Und wenn der Bannware enthält, heißt es: Verlassen Sie das Schiff! Und wenn sich Leutchen auf angewiesenem Kurs zum nächsten Leuchtschiff oder zur Küste absetzen, dann mit dem Dingi rüber und die Sprengsätze angebracht. Und hinein ins Aquarium! Es sei denn, man macht sich so ein Dampferchen vorher noch abzunutze, indem man sich ein schönes Stück von ihm abschleppen läßt. Zum Beispiel, wenn der Treibstoff knapp wird, oder man muß die Maschinen überholen, was leider ziemlich oft nötig war: damals waren die Boote ja noch längst nicht so perfekt wie im Zweiten Weltkrieg oder wie jetzt diese Atom-U-Boote! Da ging andauernd was kaputt. Na ja. Wer ist dran?

WILLI Meine Wenigkeit.

WALTER Dann schieß mal los.

WILLI Ja, und zwar auf k-10.

WALTER Wasser. Ich probier's mal mit einem Zwölfer: h-12.

WILLI Die Granate ist auch baden gegangen. L-9.

WALTER Wasser, Wasser, Wasser. Ich manövriere mal in die andere Richtung, sagen wir nach k-11.

WILLI Schießt du dadrauf oder fährst du nur dahin?

WALTER Ich schieße dahin: ist da was?

WILLI Da ist nichts, da ist niemand. Ich schieße zur Sondierung ebenfalls in eine andere Gegend: c-4.

WALTER Auch nichts. Uns will momentan aber gar nichts vor den Bug kommen. Nicht mal so ein lütten Dampfer oder ein – also eigentlich müßte man dem Gegner auch das U-Boot abschießen können, was meinst du?

WILLI Das bewegt sich aber.

WALTER Macht ja nichts: das müßte ein bewegliches Rechenhäuschen sein oder so, und wenn man das trifft, damit wäre die ganze Partie entschieden. Weil das ja nun so ziemlich das Schwerste ist: im normalen Seekrieg läßt sich ein feindliches U-Boot eigentlich kaum ausmachen; nur das bißchen Turm, das über Wasser ragt ... Sobald man dieses seltene Wild trotzdem ausmacht, heißt es natürlich gleich: Schnelltauchen zum Unterwasseranlauf. Und heranpirschen, bis sich zum Beispiel klar zeigt: ein feindliches U-Boot, das mit gestoppter Maschine auf Lauer liegt. Weiter, nach Peilung, die Torpedorohre werden fertiggemacht, das Sehrohr fährt wieder hoch; diesmal ist schon der Bootstyp und das Kennzeichen am Turm erkennbar, man sieht drei Mann: wie Spatzen hocken sie auf der Querversteifung des Minenabweisers. Man erkennt vielleicht sogar die weiße Kappe des Kommandanten. Und noch näher rangehen, ganz langsam, das Sehrohr nur in Faustgröße über der Wasserfläche, Entfernung höchstens noch 200 Meter: einer sonnt sich, einer schaut durch das Fernrohr, natürlich in die falsche Richtung, der Kommandant raucht ein Pfeifchen, das scheint ihm zu schmecken, und ein vierter Mann, den sieht man erst zuletzt, der pinselt in aller Ruhe am Turm. An diesem idyllischen Bildchen wird sich gleich einiges ändern! Erstes Rohr Achtung – los! Das Boot schüttelt sich, der Torpedo rauscht ab, läuft schnurgerade auf das feindliche Boot zu: wenn die jetzt die Torpedolaufbahn ausmachen, könnten die den Torpedo noch ausmanövrieren – falls sie die Maschine anhaben. Aber die merken nichts. Und schon die Fontäne, die braunschwarze Sprengwolke, ein Riesenschlag: die Mannschaft jubelt. Auftauchen, Ausblasen! Das Boot springt an die Oberfläche. Turmluk auf, alles in den Turm, was in den Turm paßt: ein riesiger Ölfleck, und in dieser braunen Brühe schreit was, bewegt sich was. Drauf zufahren, ein Überlebender, die Wurfleine zuwerfen, er wird an Deck gezogen, er kommt nicht hoch, zittert am ganzen Körper, stöhnt, würgt, ein Bein ist aufgefetzt, am Oberschenkel, Fleisch ausgefranst, ein Fetzen hängt lappig runter, Blut und Öl, aber er lebt, lebt immerhin: es war der Mann, der am Turm pinselte, er befand sich im Moment des

Einschlags in Explosionslee, wurde runtergeschleudert, fand sich im Wasser wieder. Einen Cognac einflößen, die ganze Scheiße von ihm runterspülen, mit Seifen und Laugen, dann den Fleischlappen abschneiden, die Wundränder frisieren und jodieren, Novokainlösung, Lebertransalbe, das Ganze hübsch vernäht und ab in die Koje! Sonst ist nichts und niemand übriggeblieben, das ist mit Mann und Maus hinabgefahren. Das sind Blattschüsse! Das müßte man wirklich mal ins Spiel einführen, da würde die Sache noch spannender. Na ja, pirschen wir uns halt so weiter.

WILLI Du bist jetzt dran.

WALTER Stimmt, ja. Vielleicht läßt sich irgendwas mit Artillerie holen, setzen wir mal einen Weitschuß auf, sagen wir: m-10.

WILLI Treffer.

WALTER Na bitte, das hör ich gern. Da wird man gleich ein anderer Mensch, wenn man einen fetten Happen vor dem Rohr hat.

WILLI So schlimm wird's schon nicht sein.

WALTER Auf deine Ablenkungsmanöver fall ich nicht rein. Ich laufe jetzt an zur endgültigen Vernichtung; den kannst du schon mal abschreiben!

WILLI Vielleicht kannst du auch gleich eine Schiffseinheit abschreiben: f-2!

WALTER Futsch, nichts getroffen. Nur ein paar Fischlein, denen es die Kiemen aufreißt und die Bäuchle hochdreht. Und jetzt würde ich deiner Besatzung raten, unverzüglich von Bord zu gehen, sonst wird einigen Herrschaften der Arsch angebraten! Das Schiff krängt natürlich schon, achterlich liegt es ein paar Grad schräg, da wollen wir ihm gleich noch einen Torpedo in den Leib jagen, spezieller: in die Heckpartie!

Gelächter

WALTER Einschlag bei n-10!

WILLI Tut mir leid, aber da ist kein Heck mehr.

WALTER Na gut, dann hatte ich das Heck eben vorher schon erwischt. Da kriegt er den nächsten auf, sagen wir mal, steuerbord, Hinterkante, Brücke. Und zwar mit einem der Heckrohre, die müssen ja auch mal eingesetzt werden. Ihm also den Bootshintern zudrehen und was rausjagen: rums!

WILLI Damit wirst du noch was warten müssen, ich bin jetzt dran.

WALTER Nun schlag schon ins Wasser!

WILLI Immer abwarten . . . Ich visiere g-1 an, Feuerbefehl!

WALTER Bitte, hab ichs nicht vorausgesagt? Ich habe inzwischen meinen Bogen ausgefahren, ich laufe über Wasser auf das krängende und brennende Schiff zu, hoffentlich ist es zur Abwechslung ein Munitionsfrachter.

WILLI Ich würde eher sagen, ein Pferdetransporter.

WALTER Ach nee, das ist eine Schweinerei: lauter Pferde im Wasser, Pferdeköppe, Pferdebäuche, und wenn man da durchbraust, hängen die Gedärme an der Netzsäge – das macht keinen Spaß. Außerdem, was haben die armen Biester uns getan? Nein, das ist sicher ein Munitionsdampfer. Und weil der genug Eigenbrisanz an Bord hat, muß ich keinen teuren Torpedo verschießen, den versenke ich mit Artillerie. Die Geschützbedienung also an Deck, dem geben wir ein paar Zehnfünf in die Wasserlinie! Geschütz klar, Feuer frei!

WILLI Wo schießt du denn hin?

WALTER Auf l-10 natürlich.

WILLI Na ja, Treffer . . .

WALTER Siehst du, und jetzt fängt das schon munter an zu brennen auf dem Vorschiff, das frißt sich vor Richtung Kommandobrücke, greift über auf die Laderäume und weiterballern, Löcher in die Bordwand fetzen, damit das Feuerchen die nötige Luft kriegt, und das schlägt schon höher, zischt hoch in Feuergarben, das Schiff sackt achtern tiefer, ohne zu sinken, also weiter reinhalten, Schuß auf Schuß, unerbittlich reinhalten, l-10, l-10, l-10, die Achterlastigkeit nimmt zu, er kriegt Schlagseite nach steuerbord, reinhalten, reinfetzen, was jetzt noch an Bord ist, das bleibt an Bord, das hantelt sich Stiegen und Treppen hoch, kratzt und schlägt sich, und Bißwunden, jawohl, die gibt es da auch, denn das will raus, nichts wie hoch und raus, unten explodieren die Kessel, Brühdampf, brennende, glühende Kohle rumgefetzt, also weg davon, weg, hoch, nichts wie hoch, und das schreit, schlägt, tritt, stampft nieder, hoch, raus, raus, hoch, frische Luft, kaltes Wasser, aber die Hitze ist schneller, schafft sich freien Abzug, Stiegen und Treppen hoch, das ist wie ein Kamin, Brandblasen, Brandplacken, Verbrennungen, und das schreit, schlägt, kratzt, würgt, stampft und kommt nicht weg, das –

WILLI Du willst es aber genau wissen!

WALTER Jawohl, hier wird totaler U-Boot-Krieg geführt, und wenn so ein Schiff brennt, dann brennt es, da drängt es sich in den Gängen, schreiend, die Haut rot und blau und dunkelviolett, und Gluthauch, Qualm, das Metall so heiß, daß die Haut dran klebenbleibt, in Placken abreißt, und die Klamotten fangen Feuer, das dreht sich brennend im Kreis, wälzt sich brennend auf dem Boden, fiept wie Ratten im Feuer, da fängt das große Braten an, da platzt die Haut wie die Wurst auf dem Grill –

WILLI Hör doch auf!

WALTER Nein, das hört nicht auf, das schmort und brutzelt, da schmilzt das Bauchfett raus, da schrumpfen die Köppe zu Bratäpfeln, da schrumpeln die Klöten zu Rosinen, da verkohlt das Fleisch, lockeres, schwarzes Zeug, und Mäuler aufgerissen, soweit es geht, mehr Zähne als Lippen, und weiter reingefetzt, das muß jetzt rasch gehen, reingehalten, reingefetzt, Feuer, nichts als Feuer und dann, dann eine Riesenexplosion, unser Boot schüttelt sich, eine Hitzewelle über uns weg, da muß gleich eiserner Segen von oben kommen, schnell in Deckung, unter das Kanonenrohr, den Kürbis unter die Turmverkleidung stecken, nur noch der Arsch guckt raus, einer legt sich unter den Turmwellenbrecher, ein anderer poltert den Einstieg runter, haut sich einen Zahn raus, der Leutnant steckt den Kopf samt Mütze zwischen die Brückentritte, und schon klackert und hagelt und schlägt es herab. Dat is jo en dullen Betrieb hier! ruft Obermüller. Arsch einziehen, Füße einziehen, klein machen, und schon ist der Spuk vorbei, nichts passiert, obwohl bestimmt ein Dutzend Sprengstücke auf Deck liegen, das Bodenstück einer schweren Granate. Na, alles kriecht unter der Notdeckung hervor, schaut sich verdutzt an, das andere Schiff ist weg, die Stelle, auf der es eben noch schwamm: leer, einfach leer, nur eine fette Rauchwolke, die langsam abzieht. Und keine Gefahr mehr, nichts mehr, Entwarnung: und jetzt geht ein Gelächter los, ein Höllengelächter, da löst sich die ganze Spannung, wir stehen an Deck, stehen im Turm und lachen, lachen und lachen! – Hätte aber auch verdammt schiefgehen können ... Wir lesen noch einen Offizier auf, der sich rechtzeitig abgesetzt hatte, und von dem erfahren wir, daß der Dampfer 3 000 Tonnen Granatstahl, 400 Tonnen Granaten, 300 Tonnen Nitroglyzerin und 100 Tonnen Pikrinsäure geladen hatte – was ja wohl für dieses Abschiedsfeuerwerk gereicht haben dürfte! Oder? Prost!

WILLI Prost. Jetzt komme ich auch so langsam auf den Appetit, jetzt will ich deinen nächsten Pott umgehend über den Vorsteven in die Tiefe abrauschen sehen, jetzt wird die Versenkungsziffer erhöht, jetzt geht es erst richtig los! Ich schieße auf e-7.

WALTER Wassergänger. Und ich werde mich jetzt mit südlichem Tauchkurs in Marsch setzen und mir ein neues Jagdrevier erschließen: es geht schließlich um die Seeherrschaft! Angenehm ist so ein Unterwassermarsch natürlich nicht, so ohne Schnorchel, wie damals, zu unserer Zeit: da kommt keine Frischluft in den Druckkörper, da geht keine verbrauchte Luft raus, da peitschen die Ventilatoren Öldunst durch alle Räume, da riecht es aus der Kombüse, stinkt es aus dem Scheißhaus, die Temperatur steigt, Wasser läuft an einem runter, 30 Grad, 40 Grad, 50 Grad Celsius, Wasser schmatzt in den Schuhen, die Luft immer dicker: die wird zwar durch Kalipatronen gejagt, und ab und zu werden Sauerstoffflaschen aufgedreht, aber die Lungen arbeiten schwerer, die Knochen werden schwerer, der Kopf wird schwerer. Aber wenn man schließlich einen fetten Happen vor den Rohren hat, da ist das alles wie abgeschüttelt, da springt das Jagdfieber vom Kommandanten auf die Mannschaft über, und alles wartet nur auf den Befehl: Rohre los!

WILLI Ja, darauf warte ich jetzt auch.

WALTER Nur nicht so ungeduldig: zur guten Jagd gehört eine gute Pirsch. Aber jetzt visiere ich an, schicke einen Torpedo los, und zwar auf m-6.

WILLI Wegen diesem Schuß wird kein Mütterlein weinen ... Jetzt bin ich dran. Rein statistisch müßte doch etwas in der Nähe sein. Tasten wir uns mal da heran, lassen wir einen schönen langen Aal aus dem Boot wachsen und hinein in, sagen wir, in e-6.

WALTER Na ja, mach dein Kreuzchen.

WILLI Mit Vergnügen, der Herr, mit größtem Vergnügen!

WALTER Und ich schieße zurück auf o-3.

WILLI Nix. Und ich schieße postwendend auf d-6.

WALTER Auch nichts. In dem Revier scheint sich die Tauchfahrt doch nicht zu lohnen; wir blasen die Tauchtanks aus, die E-Maschinen werden ausgekuppelt, die Dieselmotore angeworfen, Luk auf, Frischluft rein, jeder von der Mannschaft darf mal für eine Zigarettenlänge auf den Turm, einer nach dem andern. Und jetzt wird zwei Strich backbord eine schwache Rauchfahne ausgemacht, Kurswechsel, wir gehen bis auf etwa 40 Megameter ran, wir werden ihm einen Weitschuß verpassen, und zwar auf k-8.

WILLI Da war keine Rauchfahne, da ist jetzt auch keine Brandwolke, da hat es nur gespritzt. Aber jetzt bin ich dran, ich schieße, also ich schieße zur Abwechslung jetzt mal auf c-6.

WALTER Wieso das denn? Du hast eben auf e-6 geschossen; c-6, das ist doch eine ganz andere Richtung!

WILLI Eben. Das Schiff bei e-6 ist mir sicher. Aber vielleicht ist da ein Geleitboot, das könnte man ja schon mal anschießen.

WILLI Aber das widerspricht doch jeder Regel! Wenn du ein Schiff ausgemacht hast, dann wird das erledigt, da streut man nicht so in der Gegend rum!

WILLI Nun laß mich doch. Hab ich getroffen oder nicht?

WALTER Also, ich finde das nicht richtig. Was man angefangen hat, das muß man auch konsequent zu Ende führen.

WILLI Du kannst dich drauf verlassen, Walter, das Schiff bei e-6 werd ich schon erledigen, keine Sorge. Das entwischt mir ja nicht. Da ist die Ruderanlage gestört oder der Maschinenraum getroffen. Wenn ich da jetzt schon mal die Umgebung sondiere, bezüglich Geleitschutz –

WALTER Das ist aber nicht üblich, einfach zwei Schiffe anschießen!

WILLI Ist doch egal, ob das nun nacheinander kommt oder gleichzeitig geht. Hauptsache ist, die werden in Gottes weiten Keller geschickt.

WALTER Aber man greift nicht zwei Schiffe auf einmal an!

WILLI Und wenn sich das mal so ergibt? Ich habe gelesen –

WALTER Gelesen, gelesen! Was besagt das schon!

WILLI Du hast ja auch viel davon gelesen.

WALTER Aber ich habe auch meine Erfahrungen gemacht, bitteschön! Und ich finde, es gehört zu den Spielregeln, daß man nicht zwei Schiffe auf einmal angreift!

WILLI Aber wenn man grade so zwischen die gerät? Bitte, es ist doch mal vorgekommen, daß ein U-Boot zwei Dampfer gesichtet hat, die von zwei Seiten herkamen. Da hat es sich beim voraussichtlichen Treffpunkt auf die Lauer gelegt und hat den einen mit den Bugtorpedos und den anderen mit den Hecktorpedos umgelegt. So was kannst du mir doch jetzt nicht verbieten.

WALTER Ich finde das nicht richtig, das muß ich ehrlich sagen. Aber mit dir kann man ja nicht verhandeln. M-2.

WILLI Na siehst du: schon getroffen.

WALTER Abgesoffen?

WILLI Nein.

WALTER Den werde ich dir aber auf eine Weise runterputzen, da kannst du was erleben! Ich schieße auf –

WILLI Moment, Moment, jetzt bin ich erst mal dran. Ich schieße auf 0-5.

WALTER Da befindet sich nichts. Ich setze jetzt zum Angriff an, und der wird so durchgeführt, wie sich das gehört, der wird genau durchexerziert! Fluten, rein mit der Geschützbedienung, Tiefenruder vorne hart unten, achtern hart oben, das Boot schneidet unter, wird in günstige vorliche Stellung manövriert, beide Maschinen kleine Fahrt voraus. Im Bugtorpedoraum ist die Rohrbedienung aktiv, erstes und zweites Rohr fertig gemeldet, Kurs liegt an. Sehrohr wieder ausfahren! Langsam schiebt es sich höher, es wird heller vor dem Objektiv, es bricht durch, das Schiff schon viel näher, es versucht abzulaufen, die Heckwelle deutet auf hohe Geschwindigkeit: der Steuermann stellt den entsprechenden Vorhaltewinkel ein, erstes und zweites Rohr Achtung! Das Schiff schiebt sich gegen den Nullfaden, erst schneidet der hintere Mast die Visierlinie, dann der vordere, jetzt erscheint der Bug im Gesichtsfeld: erstes Rohr los! Der Torpedooffizier drückt auf den Knopf der Abfeuerleitung. Der Torpedo strudelt auf das Ziel los, das Sehrohr ist auf Nullsteuerung gebracht, den Tiefen- und Gradlauf des Torpedos verfolgen; alles lauscht, jemand zählt laut, der Steuermann hat die Stoppuhr in der Hand und jetzt, der scharfe metallische Schlag, die Detonation, Treffer in Koordinatenpunkt n-2!

WILLI Tut mir leid, Walter, aber da war nichts.

WALTER Dann war der Torpedo eben ein Kreisläufer!

WILLI Nein, da war überhaupt nichts.

WALTER Dann war es die Unterwasserdünung, die hat das Anvisieren erschwert. Aber mit dem nächsten Schuß werde ich ihn garantiert kriegen, und wenn du dich auf den Kopf stellst!

WILLI Bitte, das macht dir doch niemand streitig.

WALTER Das wär ja auch noch schöner!

WILLI Nun sei doch nicht immer gleich sauer.

WALTER Was heißt hier: immer gleich? Ich bin überhaupt nicht sauer. Ich kann es nur nicht leiden, wenn man mir Vorschriften machen will! Ich weiß selbst am besten, was ich zu tun habe.

WILLI Wer macht dir denn Vorschriften?

WALTER Na, wer denn wohl? Aber nun mach voran, schieß dein Ding schon ab.

WILLI C-7.

WALTER Ja, mach ein Kreuzchen, und freu dich über diese Riesenleistung!

WILLI Hat er genug?

WALTER Dafür wirst du ja wohl eine Witterung haben, ob das ein größeres Schiff ist oder nicht. Landratte! Ich schieße auf m-3.

WILLI Wasserwerk. Ich schieße umgehend zurück auf c-8.

WALTER Von mir aus. Und ich schieße –

WILLI Moment, war das ein Treffer oder nicht?

WALTER Jaja, war ein Treffer.

WILLI Mensch, da hab ich ja schon wieder einen Großpott versenkt! Einen dicken, fetten 15 000er. Das wäre ja eine Strecke von bereits 60 000 Tonnen! Das sind ja bald zwei Drittel!

WALTER Kopfrechnen prima, ja.

WILLI Da werd ich mich nun in gleich liebevoller Weise dem anderen Pott zuwenden . . .

WALTER Und ich werde deinem Schiff jetzt mit besten Gegengrüßen einen Torpedo in den Leib jagen, darauf kannst du dich verlassen! Das erste Bugrohr ist inzwischen geladen, beim zweiten ist die Lanzierrohrklappe vom Torpedomaat aufgedreht, das Umspülungswasser ist eingelaufen. Und im Periskop sehr deutlich das Opfer: es ist schon ganz hübsch zugerichtet! Der Fockmast über dem Dreibein gebrochen, das Tauwerk hängt wirr herab, die Dampfpfeife bläst, anscheinend ist der Funktelegraph ausgefallen: dem werden wir jetzt gleich noch einen verpassen! Achtung, zwotes Rohr los! Mit 70 atü schleudert es die Stahlzigarre hinaus, das Boot schüttelt sich, der Ausgleichstank flutet, und jetzt wird gezählt, 21, 22, 23 bis 29, das wohlbekannte Detonationsgeräusch: es hat ihm schon! Wir tauchen auf, den Rest mit der Bordkanone erledigen. Ich –

WILLI Moment – wohin hast du denn geschossen?

WALTER Natürlich auf e-2.

WILLI Treffer.

WALTER Das hab ich schon lang gemerkt.

WILLI Bitte, wieder ein Schiff zu Neptun gegangen.

WALTER Wieso, war das nur ein 10 000er?

WILLI Ja.

WALTER Na warte! Mir meine größten Einheiten kaputtmachen, na warte! Nun schieß schon, worauf wartest du noch?

WILLI Immer langsam . . . Ich schieße auf e-5. Treffer?

WALTER Das dürfte in der Situation ja wohl anzunehmen sein.

WILLI Und noch nicht abgesoffen?

WALTER Bin ich vielleicht zu Auskünften verpflichtet?

WILLI Mensch, sag bloß, ich bin zwischen die beiden 15 000er geraten!

WALTER Ich könnt mich in den Arsch beißen, daß ich die so formiert habe! In den Arsch könnt ich mich beißen! Aber dafür werde ich dir jetzt dein Schiff auf eine Weise von der Bildfläche runterputzen, daß davon auch nicht ein Fitzchen übrigbleibt!

WILLI Aber k-2 ist doch schon erledigt. Das ist abgesoffen.

WALTER Kannst du so was beurteilen? Die können die schwersten Kaliber mittschiffs kriegen, die liegen oft noch stundenlang, und manchmal laufen die sogar noch Fahrt. Und wenn man Pech hat, werden die abgeschleppt und irgendwo auf Grund gesetzt, das kennt man. Nein, dem werde ich einen erstklassigen, einen ganz erstklassigen Fangschuß verpassen!

WILLI Aber da geht dir nur ein Schußpunkt verloren.

WALTER Das wirst du ja wohl mir überlassen, wie? Dieser Kahn wird jetzt erledigt, und zwar total, da warte mal ab! Der krängt zwar über, der hat Schlagseite, aber an Deck scheint wenig Aufregung zu herrschen: denen werde ich Beine machen! Ich hole zum Heckangriff aus, drittes Rohr fertigmachen! Tiefeneinstellung drei Meter, Nahschußentfernung, Achtung, los! Torpedo ist raus! Abzählen. Der metallische Schlag, die Detonation. Der Fangschuß trifft genau in der Mitte. Jetzt kommt Leben in die Besatzung, jaa! Das Schiff plötzlich voll schreiender, zuckender Körper, Haut aufgefetzt, Knochen gesplittert, Brustkörbe gequetscht, Bolzen und Splitter in die Därme gefetzt, Spills in die Schädel gerammt, Jaulen und Zähneklappern, da will man weg, weg, nichts wie weg, bevor der Munitionsbunker explodiert, bei dieser Himmelfahrt will keiner dabeisein, also hoch und raus! An Deck wimmelt es durcheinander, Panik, das sieht man genau, Boote schräg in den Seilen, Boote aus den Davids gerissen, Boote fallen ins Wasser, halb leer, schütten alles wieder aus, treiben kieloben, man will sie umdrehn, im Wasser, will die Boote wieder umdrehn, aber das hat ja keinen Zweck, die sind hier viel zu weit draußen, die schaffen das nie bis zur Küste, also Torpedo vier fertigmachen!

WILLI Das ist doch blöd, was du jetzt machst! Außerdem bin ich dran.

WALTER Du kannst gleich auch ein paarmal schießen, aber jetzt bin ich am Zuge, jetzt wird dieser Scheißkasten erledigt: das zweite Hecktorpedo läuft aus, nach 7 Sekunden eine Riesenfontäne, das Schiff zerbricht in der Mitte, die beiden Hälften heben sich, richten sich fast senkrecht auf, schlagen mit ungeheurem Getöse gegeneinander und rauschen ab!

WILLI Jetzt kannst du ja zufrieden sein ...

WALTER Ich habe gesagt, das wird so vernichtet, daß nicht ein Fitzchen übrigbleibt! Da will ich nur noch einen Ölfleck sehen und ein bißchen Qualm. Das Boot wendet, taucht auf, Geschützbedienung an Deck!

WILLI Moment, ja, jetzt ist erst mal der andere Pott dran! Ich schieße auf e-4.

WALTER Jajaja, mach dein Zeichen, das Schiff ist weg! Aber darüber sollen sich deine Leute zu früh freuen! Den Anblick werden die mitnehmen! Was der Sog nicht runtergestrudelt hat, was da noch an der Oberfläche zappelt und schreit und japst und spuckt und hustet und aus dem Husten nicht rauskommt, blutiger Auswurf, das muß weggeputzt werden, was hat das für einen Sinn, daß die im Öl rumplanschen, das der geladen hatte, das fängt doch an zu brennen, und das Feuer breitet sich aus, versengt Haare, Brauen und Lider, bläht die Lippen, da tauchen die runter, unter die brennende Ölschicht, kriegen keine Luft mehr, müssen wieder hoch, wieder raus, ins Feuer, ringsum nur Feuer, die Gesichter schon blasig, die Hände blasig, und überall japst und jault und fiept und schreit es, sackt ab, stößt sich noch mal hoch, schreiend in das brennende Öl –

WILLI Nun hör doch bitte auf.

WALTER Ich sage, die schreien im brennenden Öl, schreien, schreien im brennenden Öl, immer kürzer die Schreie, immer höher, das nimmt denen die Luft, da schlagen die um sich, und das kotzt, würgt, japst, heult, spuckt, schreit, würgt, schlägt, kotzt, würgt und schreit und schluckt und japst und kotzt und schreit, das kann ich nicht zulassen, das kann kein Mensch mit ansehn, das muß ein Ende haben, das wird runtergeschossen von der Bildfläche, damit das nicht mehr würgt und schreit, Blut kotzt und –

WILLI Da wird's einem ja schlecht, hör auf!

WALTER Ich hab gesagt, es bleibt kein Fitzchen übrig von diesem Schiff, kein Fitzchen! Was da also noch rumtreibt und kotzt und würgt und schreit und japst und fiept und jault und würgt und kotzt und sich leerscheißt, bevor es versackt, dem wird jetzt der letzte Scheitel gezogen!

WILLI Jetzt hör aber endlich auf!

WALTER Kein Fitzchen, hab ich gesagt, da bleibt auch kein Fitzchen! Reinhalten also, reinfeuern, reinfetzen, reinfeuern, reinfetzen, Granate auf Granate, reinfeuern, reinfetzen, reinfeuern, reinfetzen, Augenglupsch aus den Höhlen, Kiefer zerfetzt, und was an Muskeln noch dran ist, das zieht den Brei in sich rein, Fleisch, Haut, Metall, Restzähne, zieht's in den Rachen und das gurgelt und mampft noch was und schreit dann nicht mehr, geht klanglos unter. Aber rechts und links, da schreit es noch weiter, schlägt, rudert, planscht, japst, kotzt, heult, das muß weg, weg muß das: reinfeuern, reinfetzen, was das Zeug hält, reinfeuern, reinfetzen, da platzen die Klöten, leiert der Mus raus, da fetzt es die Bäuche auf, reißt es die Därme raus, und Blutschaum und Hirnschaum, und alles in die Luft gewirbelt mit Wasserfontänen: Arme, Fleischfetzen, Beinstücke, Arme, Fleischfetzen, Beinstücke, Gedärm und Gekröse, Arme, Fleischfetzen, Beinstücke, Arme, Fleischfetzen, Beinstücke. Und dann sinkt es ab in der braunen Brühe und hier und da noch Feuerfelder und Rauchwolken, die langsam abziehen und leer die Meerfläche, so wie ich sie haben will, leer.

3
Sprachregelung

FUNKTIONÄR Bevor ich zum eigentlichen Grund meines Besuchs komme, darf ich noch eine Frage stellen. Haben Sie eine Vorstellung davon, ungefähr wenigstens, wie viele Wörter Ihnen zur Verfügung stehen? Ich meine aktiv, nicht passiv.

LEHRER Vielleicht 20 000?

FUNKTIONÄR Finden Sie diese Zahl nicht etwas sehr hoch?

LEHRER Ich habe mich damit noch nicht so beschäftigt. Die Zahl war jetzt nur mal geschätzt.

FUNKTIONÄR Trotzdem, mich wundert, wie hoch Sie da gehen. Aber wir wollen uns an diesem Punkt jetzt nicht festbeißen. Wir können uns vielleicht dahingehend einigen, daß diese Zahl – unserem Berufsstand entsprechend – recht hoch ist. Und da werden nun bestimmt auch Sie die Erfahrung gemacht haben, daß es unter dieser Vielzahl von Wörtern so etliche gibt, die Ihnen nicht mehr gefallen, nicht mehr präzis erscheinen, nicht mehr zutreffend, oder einfach nicht mehr zeitgemäß. Ist es nicht so?

LEHRER Das mag sein, ja.

FUNKTIONÄR Es muß wohl der Fall sein. Es wurde bisher nämlich viel zuviel Sprachballast mitgeschleppt, um den sich niemand kümmerte. Es hat sich nun aber die Ansicht durchgesetzt, daß hier Abhilfe geschaffen werden muß, und zwar entschieden. Wie Sie wissen, hatte unsere Regierung seinerzeit eine Kommission einberufen zur Sichtung und Prüfung des Sprachmaterials. Man ist hier bereits zu ersten Resultaten gekommen. Deswegen mein Besuch. Und damit will ich gleich zur Sache kommen. Ich habe Ihnen mitzuteilen, daß in Zukunft ein bestimmtes Wort nicht mehr benutzt werden soll. Und zwar handelt es sich um das Wort »spontan«. Eingeschlossen in diese Maßnahme ist selbstverständlich das Wort »Spontaneität« sowie sämtliche Zusammensetzungen mit diesem Wortstamm. Ich bin nun gern bereit, die Notwendigkeit dieser Maßnahme mit Ihnen zu besprechen.

LEHRER *nach kurzer Pause:* Ja, gut. Aber wie kommt man ausgerechnet auf »spontan«? Wenn ich mal von unserer Berufstätigkeit ausgehe, da ist es doch gerade wichtig, daß man in seinen Klassen die Bereitschaft weckt, möglichst sofort und –

FUNKTIONÄR Entschuldigen Sie, daß ich unterbreche. Aber wir wollen uns hier nicht gleich in Fragen der Unterrichtspraxis festbeißen. Natürlich, Sie sind hier speziell als Lehrer angesprochen. Sie haben in dieser Position schließlich einen gewissen Wirkungskreis. Sie sind da, wie man sagt, Multiplikator. Eben deshalb machen wir uns die Mühe, in Einzelgesprächen Klarheit und Übereinstimmung zu erzeugen. Wobei wir uns aus arbeitstechnischen Gründen vorerst auf diejenigen Kollegen beschränken müssen, die Deutschunterricht in Oberstufen erteilen. Soweit zum Technischen. Kommen wir zurück zur gegenwärtigen Maßnahme. Wenn Sie mal versuchen, das sogenannte »Spontane« genauer zu fassen, da wird, meine ich, sofort klar, warum hier eine, ich möchte mal scherzhaft sagen: Wachablösung notwendig ist, oder eben eine Wortablösung. Wenn ich es ein bißchen allgemein formulieren soll, so gehen spontane Handlungen oder spontane Reaktionen nicht gerade von nüchterner Überlegung aus, von einer genauen Analyse der Situation, von einer präzisen Vorausberechnung möglicher oder wahrscheinlicher Folgen, sondern: man reagiert oder agiert einfach mal so! Da ist es denn kein Wunder, daß spontane Handlungen oder Reaktionen nicht immer die besten Ergebnisse zeitigen. Dazu ist schon die Beimischung von Unberechenbarem, von Emotionalem zu hoch. In großem Maßstab gesehen, kann beides nicht die Grundlage bilden einer positiven, zielgerichteten Tätigkeit, auf die es heute mehr denn je ankommt. Da setzt eine sinnvolle Beteiligung ja nun gerade Überlegung voraus, eine klare Entscheidung.

LEHRER Gut, aber wenn man bereitwillig irgendwo mitmacht, warum soll man nicht mehr sagen können oder sagen dürfen, das geschieht spontan? Ich meine, das war – bisher wenigstens – eine Feststellung, die sehr positiv klang. Und gerade auf das Positive soll jetzt ja besonderer Wert gelegt werden. Warum da solch ein Wort eliminieren?

FUNKTIONÄR Wenn Sie so fragen, darf ich eine Gegenfrage

stellen: Haben Sie nicht selbst ein bißchen das Gefühl, daß dieses betreffende Wort zusammenhängt mit einer falschen, weil überbetonten Vorstellung vom Einzelnen, vom Individuum? In diesem Sinne wird spontane Aktion oder Reaktion doch meist verstanden: als Impuls »von innen heraus«, aus »eigenem, plötzlichen Antrieb«. Und wenn man diesen individualisierenden Ansatz weiterzieht, ins Allgemeine, da landet man früher oder später in völliger Zersplitterung und Richtungslosigkeit. Denn bitte, wer sich »spontan« verhält, der geht lediglich seinen inneren Regungen nach, ohne auf die Umwelt zu achten, der folgt nur seiner eigenen Nase – und da gibt es ja nun so viele Richtungen wie Nasen! Sie werden zugeben müssen, daß wir uns in der gegenwärtigen politischen Lage Zersplitterung und Richtungslosigkeit in keiner Weise leisten können. Da müssen vielmehr sämtliche Kräfte zusammengefaßt werden, damit wir die größere Zukunft erreichen, die von der Obersten Führung erst unlängst wieder als allgemeines Leitziel propagiert wurde.

LEHRER Ich weiß. Aber man könnte doch sagen, daß es erfreulich wäre oder wünschenswert, im Sinne der Regierung, der Obersten Führung, wenn man spontan, also von innen her, aus eigenem Antrieb solche Leitziele unterstützt. Oder nehmen Sie unseren Bereich, die Schule – falls ich das eben noch einflechten dürfte . . .

FUNKTIONÄR Ich bitte Sie, das ist doch selbstverständlich. Ich bin schließlich hier, damit wir uns kollegial über diese Angelegenheit unterhalten.

LEHRER Ja eben, Sie erwähnten das eingangs. Also, ich wollte sagen, daß beispielsweise in einer Konferenz ein guter Vorschlag gemacht werden kann, wenigstens gelegentlich – und da soll man jetzt nicht mehr spontan zustimmen können, und man bringt das entsprechend zum Ausdruck? Ich meine, wenn wir anfangen, das zu übersetzen: »Ich möchte diesem Vorschlag ganz von innen heraus zustimmen« oder so ähnlich, das klingt doch etwas umständlich, oder bemüht. Und das wiederum könnte eventuelle Rückwirkungen haben. Insofern, als man in seinen spontanen, positiven Reaktionen, oder zumindest im Ausdruck dieser spontanen Reaktionen etwas vorsichtiger wird, etwas zurückhaltender, eben, weil man das übersetzen oder übertragen muß.

Und besteht da nicht letztlich die Gefahr, daß solche positiven spontanen Reaktionen irgendwann einmal ausbleiben, daß man ihnen zumindest nicht mehr so leicht nachgibt? Wäre das nicht letztlich doch ein Verlust, für die Allgemeinheit?

FUNKTIONÄR Was Sie da sagen, das scheint in sich ziemlich schlüssig. Aber es ist doch wohl ein Unterschied, und zwar ein erheblicher, ob man etwas blindlings bejaht und unterstützt oder aus klarer, nüchterner Entscheidung. Solch eine Entscheidung setzt ja nun voraus, daß man sich eine Sache beschaut, daß man darüber nachdenkt, und dann sagt man sich: Ja, das scheint mir vernünftig und sinnvoll, da mache ich mit, freiwillig. Und sehen Sie, eben dieses Wort wird von der Kommission denn auch als Ersatz vorgeschlagen. Soweit man von Ersatz sprechen kann, wo es um Höherwertiges geht. Denn darin werden Sie mir ja wohl beipflichten: erst aufgrund einer freiwilligen Entscheidung handeln Sie zielbewußt, während spontane Aktion oft richtungsblind ist, möchte ich mal sagen. Deshalb der Vorschlag der Kommission, auf den Gebrauch des Wortes »spontan« zu verzichten. Was hiermit auch für unser Gespräch gilt. Einmal muß der Einschnitt ja nun erfolgen, das sehen Sie gewiß ein. Würden Sie die Erklärung hier unterschreiben?

LEHRER Sie haben eben noch bestätigt, Sie wären als Kollege hier – ist da so etwas nötig?

FUNKTIONÄR Sie werden verstehen, daß dieses Gespräch für mich einen dokumentierbaren Abschluß haben muß. Auch meiner vorgesetzten Dienststelle gegenüber. Wenn ich also bitten darf: hier rechts unten.

LEHRER Sie müssen mich recht verstehen – ich habe nicht grundsätzlich etwas gegen solch eine Unterschrift. Es ist nur so, daß ich diese Angelegenheit noch nicht völlig klar durchdacht habe, durchdenken konnte und –

FUNKTIONÄR Ich meine aber nun wirklich, hier wäre mittlerweile alles Notwendige gesagt. Sehr viel mehr wird auch nicht im angekündigten Rundschreiben stehen.

LEHRER Aber ich nehme doch an, dieses Rundschreiben soll uns die Möglichkeit geben, die Maßnahme anhand schriftlicher Formulierungen noch mal genau zu überdenken.

FUNKTIONÄR Sagen Sie mal, unter uns, wirklich ganz unter

uns: Sie wissen doch, daß gerade in dieser Zeit des Umbruchs, des Neubeginns auch in der Schulbehörde eine gewisse Nervosität herrscht – besonders aufgrund der exponierten Stellung unseres Berufs, wegen seiner Öffentlichkeitswirkung. Ich kann mir nun kaum vorstellen, daß Sie sich da wegen eines Wortes, wegen eines einzigen Wortes, Ärger machen wollen.

LEHRER *nach einer kurzen Pause:* Also gut.

– Man hört zuweilen den Spruch wiederholt, man solle Wörter nicht auf die Goldwaage legen! Allerdings soll man Wörter auf die Goldwaage legen! Denn ein Wort kann uns weiterbringen, ein Wort kann genausogut paralysierende Wirkung zeigen. Gerade in unserer Zeit des Umbruchs haben wir allen Anlaß, unseren Sprachbestand kritisch zu überprüfen.

– Es liegt also im Interesse eines jeden von uns, diesen Hinweis zum Wortgebrauch im Unterricht genauestens zu beachten. Ich muß das Kollegium in diesem Zusammenhang noch einmal auf den amtlichen Charakter der Bekanntmachung hinweisen.

– Aus den oben angegebenen Gründen wird diese Zeitung mit sofortiger Wirkung verboten. Das Verbot erstreckt sich ebenso auf die im gleichen Verlag erscheinenden Kopfblätter sowie auf andere oder angeblich neue Zeitungen dieses Verlages.

– Sie wußten, daß man diesem wortkargen, männlich einsilbigen Mann voll vertrauen konnte. Und schon in der ersten Sitzung zeigte sich, daß man sich nicht getäuscht hatte. Schweigend setzte er sich an das Kopfende des langen Tischs und legte seine schweren Hände aufeinander. Sein gebräuntes Gesicht unter dem schlohweißen Haar schien unbewegt: nur die flinken Bewegungen seiner wasserhellen Augen zeigten an, daß er der Diskussion genau folgte. Als die Gegensätze immer schärfer aufeinanderprallten, immer unüberbrückbarer wurden, hob er stumm die Hand. Und mit wenigen knappen Worten löste er das Problem.

– Ich möchte in diesem Zusammenhang vorschlagen, den Begriff »Korrektur« durch das Wort »Ergänzung« zu ersetzen. Diese Neubetonung wäre zum Beispiel wichtig im Fall von Gesetzesänderungen, die dann als Ergänzung bestehender Gesetze zu bezeichnen und aufzufassen wären. Das Wort »Ergänzung« wird hierbei die Vorstellung wecken, daß bisher Unvollkommenes, Unzureichendes zur endgültigen Form gebracht wird.

LEHRER Werdet glücklich mit meiner Unterschrift! Wenn ihr euch mit so einer Äußerlichkeit, einer bloßen Formalität abspeisen laßt – eure Sache! Ich hier spreche dieses Wort aus, sooft ich will, und ihr könnt mich nicht daran hindern. Ich sage »spontan« und wieder »spontan«, immer wieder »spontan«, unbeirrbar »spontan«, unbelehrbar »spontan«, aus Vergnügen »spontan« und noch mal: »spontan«!
Bitte, wer will mich daran hindern, daß ich »spontan« zum Hauswort Nummer 1 erhebe! Und ich schlage das Wörterbuch auf und labe mich am Druckbild dieses Worts, Buchstabe um Buchstabe? Sieben Buchstaben sind das insgesamt, und die lasse ich langsam, ganz genußreich über meine Lippen gehen: »spontan«. Das schmeckt, das klingt: »spontan«! Und wenn Freunde kommen, setzen wir uns hier an den Tisch und ich lese Sätze vor wie: »In der Spontaneität liegt ein wesentliches Merkmal der Kreativität.«
Das habt ihr mit eurer kindischen Maßnahme erreicht: meine ganze Aufmerksamkeit ist auf das Wort gerichtet – spontan, Spontaneität, spontan, Spontaneität. Und spontan gleich noch mal: spontan!

– Dieses neue Denken, das sich eine neue Sprache schafft, erfaßt alle Gebiete des öffentlichen Lebens, gestaltet sie von Grund auf um. Es verändert die Beziehungen der Menschen untereinander, die Beziehungen der Menschen zum Staat und zu den Fragen des Daseins und wird sie weiterhin ändern.

– Wir haben Grund zur Annahme, meine Herren, daß einige Lehrer zumindest privat in verstärktem Maße das ausgemerzte Wort, beziehungsweise die noch auszumerzenden Wörter benutzen, respektive benutzen werden. Die Betreffenden suchen gleichsam nach einem Ventil; wenn sie durch solche Ventilbildung ihren Widerspruch sozusagen abgelassen haben, sind sie wahrscheinlich leichter ansprechbar in Hinblick auf weiterführende Maßnahmen.

– So wichtig diese kritische Selbstbeobachtung ist – Ihre Aufmerksamkeit muß noch darüber hinausgehen und sich auf Ihre Mitbewohner richten! Das Gesetz des neuen Miteinander fordert es, daß sich Ihr Verantwortungsgefühl auch auf Ihre Wohnungsnachbarn erstreckt. Wer es unterläßt, auf eventuelle staatsfeindliche Äußerungen seiner Nachbarn hinzuweisen, der macht sich selbst strafbar.

– Ich muß aus gegebenem Anlaß das Kollegium darauf hinweisen, daß Bekanntmachung Nr. 87 aus Verordnungsblatt 23 unter allen Umständen zu beachten ist.

LEHRER Ich verstehe deine Einwände völlig! Diese Maßnahmen lehne ich genauso ab wie du! Aber wir müssen uns ja nun sorgfältig überlegen, wann wir öffentlich aufmucken. Ich meine, man sollte sich das für Situationen aufsparen, in denen es sich wirklich lohnt. Sonst haben wir zu früh unser Pulver verschossen.
Außerdem: durch unbedachte oder voreilige Handlungen unsererseits würden wir denen letztlich nur in die Hände arbeiten! Angenommen, die würden mir die Lehrberechtigung entziehen, es käme zu meiner Entlassung – damit hätte ich überhaupt keine Möglichkeit mehr, auf meine Oberstufenklasse einzuwirken, hier wenigstens indirekt eine kritische Haltung zu wecken. Da würde mein Nachfolger die

Klasse sofort im erwünschten und vorgeschriebenen Sinn ideologisieren. So, wie das ja nun ziemlich widerstandslos die meisten unserer Kollegen tun.

– Sicher haben Sie schon einmal einen Vogelschwarm im Flug beobachtet und waren darüber erstaunt, wie Hunderte von Vögeln plötzlich, von gemeinsamer Bewegung erfaßt, in einer Zehntelsekunde die Richtung wechseln. Hier ist keine Absprache notwendig, hier ist Gemeinsamkeit, die alle Wesen vereint. Zu solcher Gemeinsamkeit gleichzeitiger Bewegung müssen wir wieder zurückfinden.

– Sein Blick ging in den hallenden Werkraum, glitt hinweg über die glitzernden Maschinen, und als er kurz die Augen zusammenkniff, fühlte er sich angesichts dieser schimmernden Weite für einen flüchtigen Augenblick an seine Heimat erinnert. Dann schaute er wieder hell und klar die Umstehenden an: »Die Leute bei uns draußen, das waren einfache, schweigsame Menschen. Die redeten nicht viel daher, die packten zu. Ich muß sagen, ich hab mich hier lange nicht so recht einleben können, da bin ich ganz offen – es wurde für meinen Geschmack zuviel geredet, nicht bloß hier. Aber in der letzten Zeit, da hat sich das ziemlich geändert: es wird weniger geredet und mehr gehandelt. Aber darüber will ich jetzt auch nicht viele Worte machen, gehn wir wieder an die Arbeit.« Und er lachte.

– Was ist zunächst »Meinung«? »Meinung« ist ein unsympathisch weicher, unsicherer Begriff. »Meinung« trägt sehr stark den Stempel des Individuellen. Gerade weil sie auf einer inneren Unsicherheit eines nur gesuchten, keineswegs erreichten Ziels des Meinenden beruht. Da mutet denn der Begriff der »öffentlichen Meinung« geradezu wie ein Widerspruch in sich an. Der Begriff »Öffentlichkeit« trägt die umgekehrten Vorzeichen wie der Begriff »Meinung«. So wird es das Ziel einer klugen und fähigen Staatsführung sein, ein einheitliches Wollen herbeizuführen, auf eine entschiedene Willensbildung hinzuarbeiten, eine klare Überzeugung zu schaffen, eine überzeugende Gesinnung.

– Meine Herren, Sie sollten bei Ihrem Außendienst konsequent darauf hinarbeiten, daß Überzeugung geschaffen wird, weil sich aus echter Überzeugung erfahrungsgemäß am ehesten wiederum Überzeugungskraft bildet, wie sie dann von den Lehrern auf die Klassen einzuwirken hat. Sie sollten bei den Gesprächen deshalb weiterhin alle Einwände aufgreifen und in freundschaftlich kollegialer Weise widerlegen: damit können eventuell noch widerstrebende Lehrkräfte als Mitkämpfer unserer gemeinsamen Sache gewonnen werden. Nur in besonders hartnäckigen Fällen ist das Androhen verschärfter Maßnahmen berechtigt.

FUNKTIONÄR Und damit gleich zu Sinn und Zweck meines heutigen Besuchs: die Sprachkommission arbeitet weiter, sie wandert sozusagen umher in den ausgedehnten Gefilden der Sprache und findet allenthalben Wortkadaver. Sie werden gewiß auch der Überzeugung sein, daß solche Wortleichen um der öffentlichen Sauberkeit willen beseitigt werden müssen. Könnten Sie vielleicht selbst mal solch einen Wortkadaver aufzeigen?

LEHRER Im Moment eigentlich nicht. So auf Anhieb ist das schwierig.

FUNKTIONÄR Aber Sie würden nicht bestreiten, grundsätzlich, daß es solche Wortkadaver gibt?

LEHRER Nein, das nicht. Ich habe nur gerade kein Beispiel parat. Und ganz sicher nicht das, worauf Sie jetzt wohl hinauswollen.

FUNKTIONÄR Allerdings, das wäre ja nun auch mehr als Zufall, wenn wir so auf Anhieb finden würden, worüber die Sachverständigen tagelang beraten. Kommen wir also gleich zur Maßnahme selbst. Es hat sich erwiesen, daß ein weiterer Gebrauch des Wortes »Querschnitt« nicht wünschenswert ist. Wir erwarten, daß auch Sie hinfort den Gebrauch dieses Wortes unterlassen, sei es privat, sei es vor Ihren Klassen – da erst recht.

LEHRER Ja, und aus welchen Gründen will man das abschaffen?

FUNKTIONÄR Das will ich Ihnen erklären, dazu bin ich

schließlich hier. Ich nehme an, Sie arbeiten im Unterricht auch gern mit Vergleichen, um einen Sachverhalt anschaulich darzustellen. Und da bietet sich hier nun eine Art Herkunftsbild an: ein Baum, der gefällt wird, dessen Stamm also durchsägt ist, der zeigt seinen Querschnitt, die Summe seiner Jahresringe – aber damit ist dieser Baum als Baum zugleich zerstört. Das heißt, wenn wir dieses Bild wieder verlassen, und da darf ich ein bißchen aus der offiziellen Begründung hier zitieren: »Die Anwendung des Wortes Querschnitt setzt die Bereitschaft voraus, für eine Klärung Deformation, ja Destruktion in Kauf zu nehmen. Diese Bereitschaft wiederum basiert auf einer deutlichen Schwäche: auf einem Mangel an Einblicks- und Einfühlungsvermögen.« Ich meine, das reicht. Sie werden zugeben müssen, daß wir demnach wenig Anlaß haben, solch ein Wort weiterhin zu konservieren. Das wäre genauso, als würde man darauf verzichten, kranke Körperzellen zu beseitigen, obwohl man weiß, daß sie schließlich zu Zellwucherungen führen können, zu einer Krebsgeschwulst.

LEHRER Ja gut, aber wäre nicht auch denkbar, daß ein Wort von allein abstirbt, ohne irgendwelche Folgen, sobald es nicht mehr gebraucht wird, oder es hat sich überlebt? Sollte man das nicht vielleicht ganz einfach abwarten? Statt es gleich abzuschaffen?

FUNKTIONÄR Es geht hier nicht bloß um ein Abschaffen, damit wir uns klar verstehen! Schließlich werden gleichzeitig, in gleichem Maße wieder andere Wörter ins allgemeine Bewußtsein gehoben. Und damit wäre ich bereits beim zweiten Teil meiner heutigen Mission. Es geht diesmal um ein weiterführendes, zukunftsweisendes Wort, und zwar um den »Orientierungssinn«. Sie werden sofort erkennen, daß hier dem »Querschnitt« gegenüber eine ganz andere, höherwertige Erkenntnismethode angesprochen ist. Denn, nicht wahr, Orientierungssinn besitzt ja nun ein Mensch, der ein Ziel sucht, und der sich, sobald er ein Ziel ins Auge gefaßt hat, auf dieses Ziel hin ausrichtet, in seiner Bewegung. Oder, mit einem Satz aus der Begründung hier: »Der Orientierungssinn läßt sich als Fähigkeit bezeichnen, auch in schwierigen, unübersichtlichen Lagen rasch eine zielgerichtete Entscheidung zu treffen.« Sie werden zugeben müssen, daß sich dieser Begriff sehr positiv vom sogenannten Querschnitt abhebt. Im Herstellen von Querschnitten liegt ja nun ohne Zweifel etwas Hochgestochenes und Selbstgefälliges. »Ich erzeuge einen Querschnitt«, oder »Ich bin mit der Herstellung eines Querschnitts befaßt« – nicht wahr, da hört man sofort heraus, wieviel Anmaßendes hier enthalten ist, wieviel Gespreiztes auch, wieviel Arroganz und Selbstgefälligkeit, wieviel Aufgeblasenes und letztlich auch Nichtssagendes.

LEHRER Sicher, was Sie da zum Orientierungssinn sagen, das scheint mir schon einleuchtend. Aber trotzdem, ich kann noch nicht ganz einsehen, weshalb man dafür andererseits das Wort »Querschnitt« aufopfern soll.

FUNKTIONÄR Aufopfern! Ich bitte Sie, das dürfte hier wohl nicht ganz der treffende Ausdruck sein! Man opfert doch nur etwas auf, das einem wertvoll ist. In diesem Fall sprechen wir wohl besser von »abstoßen«, zum Beispiel!

LEHRER Ich gebe zu, das Wort »Querschnitt« hat einen etwas unangenehmen Nebensinn oder Beigeschmack. Aber ich weiß nicht, ob man deshalb gleich so weit gehen sollte, es aufzugeben oder aufzukündigen.

FUNKTIONÄR Eigentümlich, wie Sie sich da wieder festbeißen! Dabei meine ich, hätten Sie mittlerweile hinreichend erfahren, daß man in den entsprechenden Gremien diesen Schritt reiflich durchdacht hat. Ich sagte Ihnen bereits, daß da Leute von Rang und Namen sitzen, die sich ihr Leben lang Gedanken gemacht haben über die Sprache. Und wenn die sich zu solch einer Tilgung und zugleich zu einer Neubewertung entschließen, so haben sie dafür schwerwiegende Gründe – wir haben etliche davon besprochen. Sie werden in diesem Zusammenhang eingestehen müssen, daß wir es uns bei der Schulung und Schärfung des Sprachbewußtseins wahrhaftig nicht leichtmachen. Ich meine aber, die Sache müßte sich in einem einigermaßen zu rechtfertigenden Rahmen halten, auch zeitlich. Ich muß schließlich noch weitere Kollegen aufsuchen. Wenn ich also wieder um Ihren Namenszug bitten dürfte.

LEHRER Lassen Sie mich eben noch eins sagen: ich sehe ja grundsätzlich ein, daß Kritik am Sprachbestand angebracht ist, und daß hier Neubewertungen gerechtfertigt sind. Man fragt sich eben nur, ob es unbedingt ein Wort wie das eben genannte sein muß, das sich ja nun im Laufe der Zeit –

FUNKTIONÄR Entschuldigen Sie, daß ich unterbreche. Aber mir wäre sehr lieb, wenn Sie hier endlich Klartext sprächen! Wollen Sie Ihre Einverständniserklärung versagen? Ausgerechnet bei der Annullierung eines Wortes wie – ah, man will es schon gar nicht mehr aussprechen! Wofür steht so was denn? Für längst überholte Lebens- und Verhaltensweisen. Heute gelten andere Werte und damit andere Wörter!

LEHRER Sicher, ich habe ja auch bereits zu erkennen gegeben, daß ich das Wort »Orientierungssinn« positiv einschätze. Ich verstehe nur noch nicht so ganz, weshalb man dafür das andere Wort aufgeben soll. Das bezeichnet doch nun eine Methode, die vielleicht immer noch eine gewisse Berechtigung oder Notwendigkeit besitzt.

FUNKTIONÄR Verehrter Kollege, ich habe so langsam das Gefühl, Sie leisten hier schon Widerspruch um des Widerspruchs willen! Anders kann ich mir diese recht eigentümliche Hartnäckigkeit nicht erklären. Und ich frage mich, wie Sie sich da vor den Ihnen anvertrauten Klassen verhalten mögen. Sie müssen zugeben, Ihr Benehmen ermutigt hier nicht gerade zu den allergünstigsten Rückschlüssen. Bei Ihnen scheint mehr Meinung vorzuherrschen als Überzeugung. Und Sie wissen, daß einige solcher Meinungs-Vertreter innerhalb der Kollegenschaft mittlerweile Gelegenheit haben, ihre antiquierte Haltung in Schulungslagern zu überdenken.

LEHRER *nach kurzer Pause:* Ich verstehe diesen Hinweis. Aber bitte, Sie hatten selbst gesagt, Sie wollen mich überzeugen und nicht zwingen.

FUNKTIONÄR Ja, wer zwingt Sie denn? Habe ich Ihre Hand gepackt, führe ich Ihnen die Feder zur Unterschrift? Sie sind Herr Ihrer Entscheidungen: wenn Sie die Erklärung hier nicht unterschreiben wollen, sagen Sie es, sagen Sie es klar, sagen Sie es deutlich, damit ich nicht weiterhin vergebliche Mühe für Sie verwenden muß, auf Kosten der Zeit, die ja nun auch Ihren Kollegen zusteht. Wie lange reden wir jetzt schon wieder! Und zwar über Dinge, die einem normalen Menschenverstand völlig selbstverständlich erscheinen. Ihre Kollegen, die ich bisher aufsuchte, die haben die Erklärung unterschrieben, ohne lange herumzudiskutieren, die haben sich mit Recht gesagt: Die Oberste Führung wird wissen, was sie tut, und die Kommission hat sich ausführlich genug mit diesen Fragen beschäftigt, wie soll ich das ohne genaueres Vorstudium beurteilen können. Und selbst, wenn ich es wollte, ich könnte ja doch nichts ändern, hier meine Unterschrift.

LEHRER Na gut, ich unterschreibe.

FUNKTIONÄR Ihr Glück. Zwei schlechte Berichte, wo manchmal schon einer genügt . . .

– Es muß leider festgestellt werden, daß in unserer Presse noch immer Nachrichten und Schilderungen erscheinen, die von selbstmörderischer Objektivität triefen. Der Begriff »Objektivität« ist zu hinterfragen auf die Bedeutung, die er in der sogenannten demokratischen Regierungsform erhalten hatte, als Aushängeschild und betrügerische Tarnung für die Ansprüche und Machenschaften kleiner, gewinnstrebender Gruppen, die keineswegs die Bevölkerung repräsentierten. Diese »Objektivität« wurde vertreten von sogenannten »Objektiven«, die so »objektiv« waren, daß sie alle Ansätze zur Errichtung der gegenwärtigen Regierungsform in den Dreck zogen, und zwar systematisch. Die Art von Presse, die dieser Typ verbreitet hat (sie nannte sich frei, unabhängig, neutral, parteilos, überparteilich und objektiv, immer wieder objektiv) diese Presse muß sich umstellen oder aus unserem Land verschwinden.

– Zur Ergänzung der diesbezüglichen Durchführungsbestimmungen ist der Ihnen vorliegende Runderlaß ergangen. Ich muß das Kollegium mit allem Nachdruck bitten, im Unterricht gemäß dieser Verfügung zu verfahren.

– So ist selbstverständlich eine Einstellung auszuschließen, sofern Tatsachen vorliegen, aus denen sich ergibt, daß die fragliche Person in politischer Hinsicht als nicht zuverlässig oder geeignet gilt.

LEHRER *unterrichtend:* Und damit kämen wir wieder zu unserer Wortkunde. Ich will zuvor der Objektivität halber auf eine Verfügung hinweisen, die uns, das heißt: Ihnen wie mir verpflichtend vorschreibt, die anstehenden Begriffe durch Beispielsätze in ihrer neuen, öffentlich erwünschten Bedeutung einzuüben. Ich habe die folgenden Beispielsätze nicht selbst entwickelt, sie wurden uns als Vorschläge, als bindende Richt-Sätze vorgelegt. Anhand dieser Beispiele sollen Sie dann eigene Beispiele entwickeln.
Es geht hier um den Begriff »Orientierungssinn«. Ich lese Ihnen einige der Modellsätze vor. »Er konnte sich in dieser Situation völlig auf seinen hellwachen, immer wieder geübten Orientierungssinn verlassen.« Und: »Diesen Mann zeichnete ein wahrhaft gesunder Orientierungssinn aus.« Und: »Sein untrüglicher Orientierungssinn hatte ihn wieder einmal aus einer gefährlichen Situation befreit.« Und: »Sie wußten, daß man sich bei seinem geradezu traumwandlerischen Orientierungssinn blindlings auf ihn verlassen konnte.« Ich meine, das reicht schon.

– Dieser Kollege mußte entlassen werden, weil in der von ihm redaktionell betreuten Sendung eine offenbar bewußt falsche Darstellung dieser Maßnahme gegeben worden ist, die geeignet sein könnte, das Vertrauen weiter Bevölkerungskreise in die Zielsicherheit und Richtigkeit der Regierungsarbeit in Frage zu stellen.

– In Fällen noch immer bestehenden Widerspruchs oder Zweifels empfiehlt es sich, darauf hinzuweisen, daß Ihr Partner als Lehrer durch seine unter dieser Regierung fortgeführte öffentliche Tätigkeit bereits eine positive Grundsatzentscheidung im Sinne unerer Regierung getroffen hat. Machen Sie dann weiter deutlich, daß diese nach außen hin klar dokumentierte Entscheidung in der gemeinsamen und überzeugten Arbeit an der Sprache und damit am Neuen Menschen in logisch fortschreitender Konsequenz weitergeführt werden muß. Nach unseren Berechnungen und Erfahrungen läßt sich auf dieser Basis einer postulierten

Übereinstimmung eine immer weitergehende Bejahung erwirken. Sie wird gefördert durch den allgemein menschlichen Wunsch, sich mit seiner Umgebung in positiver Übereinstimmung zu befinden.

– Meine Damen und Herren, ich möchte mich zuerst darauf beschränken, eine Reihe von Begriffen klarzustellen, Begriffe, die im alten Staat, den wir überwunden haben, und im neuen Staat, den wir repräsentieren, eine ganz andere Bedeutung haben und auch haben müssen. Das bedeutet für den Einzelnen durchaus eine gewisse Umstellung, vielleicht hier und da sogar ein Opfer. Aber lassen Sie mich zum Grundsätzlichen hier einmal Folgendes sagen: Wir haben schon in den Zeiten unserer Opposition immer wieder zum Ausdruck gebracht, daß wir es für einen politischen Wahnsinn halten, daß man einzelnen Individuen die sogenannte »Meinungs«-Freiheit garantieren sollte und daß dabei die Freiheit des Ganzen mehr und mehr Schaden nehmen mußte.

LEHRER *spricht bei abschirmender Musik:* Eure Sache kann sich doch gar nicht halten! Ihr seid ja noch nicht mal konsequent! Da wird einerseits die Spontaneität liquidiert und alles Spontane. Andererseits spielt ihr den Orientierungssinn hoch. Und wie soll der sein, nach euren Vorschlägen und Richt-Sätzen? »Gesund« soll er sein, »untrüglich«, geradezu »traumwandlerisch« und »blindlings« noch dazu! Das verstehe ich nun so, Herrschaften, daß sich dieser Orientierungssinn möglichst spontan einstellen soll, oder? Keine langen Überlegungen, kein störendes Hin und Her im Nachdenken, sondern: spontane Ausrichtung, gesund, blindlings, ganz wie von selbst. Prachtvoll habt ihr das gemacht, wirklich prachtvoll! Vorn die Spontaneität austreiben, und durch ein Hintertürchen kommt das Traumwandlerische herein, dem jede Überlegung fremd ist! Ist doch alles Brei, was ihr da anrührt! Mieser, pampiger Brei! Und so ein System soll sich auf die Dauer halten können? Eines Tages, und das werde ich noch erleben, da wird das alles mit großem Krach zusammenstürzen. Und dann, mein Herr Schulfunktionär, dann hast du ausgespielt! Dafür werde auch ich Sorge tragen! Da wirst du abserviert, du und deine sauberen Kollegen, die sich jetzt so aufplustern – wir werden euch die Luft schon ablassen! Und allen, die euch jetzt in den Schulen Handlangerdienste leisten. Die erweisen sich damit für alle Zukunft als ungeeignet zum Führen eines Lehramts. Ja, meine Herren, da wird ein großes Auskehren stattfinden! Da kommen dann diejenigen dran, die in dieser Zeit eine klare demokratische Haltung bewahrt haben. Und das sind erbärmlich wenige. Aber die werden die Schlüsselpositionen besetzen, mein Herr Behördenvertreter! Da werden sich unsere Beziehungen grundlegend ändern! Da wirst du plötzlich bestrebt sein zu erklären, daß wir nicht widerspruchslos hingenommen haben, was uns eingetrichtert werden soll. Und warum wirst du so was positiv rausstellen? Weil du nach dem Wechsel nicht gern als jemand dastehst, der seinen Kollegen gegenüber eine allzu rigorose Gesinnung zeigte. Ah, ich kenn euch doch!

– Der Intellektualismus, der vordem die Presse beherrschte, hat sich als unfruchtbar erwiesen und als unfähig, die Aufgaben, vor die wir gestellt sind, zu lösen. An die Stelle des Intellektualismus tritt nun die schöpferische Arbeit, die sich nicht im unausgesetzten Wandel des tagespolitischen Kleinkrams verliert, sondern einzig und allein auf den großen Leitgedanken ausgerichtet ist, dem Volk zu dienen und die Autorität des Staates zu sichern.

– Ich empfehle Ihnen dringend, meine Damen und Herren Kollegen, alles zu vermeiden, was auch nur ansatzweise den Eindruck erwecken könnte, man würde in unserer Schule nicht voll und ganz hinter diesen Maßnahmen stehen.

– Die Grundsituationen des Lebens, sind sie etwa an Sprache gebunden? Geburt, Trinken, Schlaf, Essen, Arbeit und Tod – bedarf es da vieler Worte? Muß denn alles beredet, ja zerredet werden?

– Damit ist ein Wort aus dem Sprachschatz und hoffentlich desgleichen aus dem Bewußtsein der Öffentlichkeit getilgt, das allen, die es ernst nahmen mit dem verantwortungsvollen Amt des Kritikers, seit langem fatal war. Ich glaube, manche Mißverständnisse hätten vermieden werden können, wenn man dem scheußlichen Wort »Zergliederung« längst schon den verdienten, schlichten Abschied erteilt hätte. Denn mit dem Begriff »Zergliederung« verbindet sich, nach den zersetzenden Auswirkungen eines in den letzten Jahren immer zügel- und schrankenloseren Individualismus, durchweg die Vorstellung von einem verantwortungslos destruktiven Verhalten.

LEHRER *spricht halblaut:* Ich würde ja noch weitergehn, Herrschaften, noch viel, viel weiter! Gar nicht mit einzelnen Wörtern aufhalten, gleich pauschal rangehn! Bitte, ihr fordert doch andauernd und überall, man soll sich knapp ausdrücken, weil Knappheit schon Entschiedenheit bedeuten soll, Entschiedenheit für euch – gut, dann macht das auch deutlich!
Zum Beispiel, ich will euch da mal einen Vorschlag machen, einen ganz fortschrittlichen Vorschlag, also die Ohren gespitzt: Warum nicht alle Wörter verbieten, die mehr als zwei Silben haben? Einfach in Bausch und Bogen weg damit?
Die Begründung, Herrschaften, wäre auch hier ganz einfach. Zum Beispiel: Durch Kürze gewinnt jede Sprache! Gewiß, sie büßt vielleicht an Eleganz ein und an Beweglichkeit, aber was sind das schon für Werte in dieser Zeit der totalen Neuorientierung? Da kommt es auf Knappheit an, auf Entschiedenheit, und so muß auch die Sprache werden; ihr wollt doch nicht das labberige Gerede der Republik übernehmen, die euch nicht verhindern konnte. Schlagkraft und Prägnanz muß die Sprache haben, eure Sprache: Schlagkraft und Prägnanz, nicht wahr?
Und bitte, das sind ja schon zweisilbige Wörter! Schlagkraft, Präg-nanz! Was dagegen verlorengeht, falls man hier überhaupt von Verlusten reden kann, das hat verräteri-

scherweise mehr als zwei entschiedene Silben; E-le-ganz, bereits drei Stück – verdächtig, sehr verdächtig! Und erst mal die Be-weg-lich-keit! Das ist ein Gebilde von sage und schreibe vier Silben, doppelt soviel wie nötig! So was gehört schon mal ganz bestimmt weg! Und her dafür mit der Prägnanz vor allem, mit der Schlagkraft! Das Wort hat gleich ganz anderen Mumm in den Knochen, wie? Das weist sich aus durch Knapp-heit und Klar-heit! Alles Zweisilber. Kann eigentlich kein Zufall sein, nicht wahr, Herrschaften? Die Sprache selbst bietet sich an: sie will verkürzt sein. Also ran!

– Deshalb muß der Sprachspielraum des Individuums insoweit eingegrenzt werden, als er sich mit dem Sprachraum des Staates stößt oder in Widerspruch befindet! Das ist keine Einengung des Sprachspielraums an sich, sondern Voraussetzung wahrer Kommunikationsmöglichkeit zwischen dem Einzelnen und der Gemeinschaft!

– Sie sollten also von jetzt an streng darauf achten, daß der überlieferte Begriff »Pressefreiheit« nicht mehr unreflektiert in dem Sinne verwendet wird, den er als bewußt eingesetztes Täuschungswort in der sogenannten Republik inne hatte. Es empfiehlt sich auch hier, falls eine Anwendung dieses Wortes nicht grundsätzlich vermieden werden kann, es in Anführungsstriche zu setzen und durch vorgesetztes »sogenannt« zusätzlich vom übrigen Text zu isolieren. In dieser Form wäre dieser Begriff einzufügen in Stellungnahmen etwa nach folgendem Muster: »Wir dürfen uns durch das leere Gerede von einer sogenannten ›Pressefreiheit‹ nicht beirren und beschwätzen lassen.« Solche notwendige kritische Darstellung muß zugleich ergänzt werden durch positive Neuorientierung, etwa im Kundgeben der Überzeugung, nach der die Presse sich der eigennützigen Abhängigkeit zu entziehen habe, um sich freier und unabhängiger in den Dienst des Volkes zu stellen. Grundsätzlich ist in diesem Zusammenhang festzuhalten, daß an die Stelle unbeschränkter, individualistisch zersplitternder Freiheit die umfriedete Freiheit des Gemeinschaftsschutzes treten müsse. Besonders empfehlenswert ist hier der bereits angedeutete Gebrauch des Wortes »Umfriedung«, da es positive Assoziationen zu wecken imstande ist.

– War nicht stets schon Idealbild jener wortkarg entschlossene Mann, der durch Taten allein, nicht durch wortreiche Äußerungen hervortritt? Diese schweigsame Entschlossenheit muß für uns alle wieder zum Ziel, zum Richtbild werden.

– Ich muß das Kollegium aus gegebenem Anlaß noch mal darauf hinweisen, daß ein Verstoß gegen diese Verordnung als Unzuverlässigkeit im Sinne der eben genannten Durchführungsbestimmungen gewertet wird und damit automatisch disziplinarische Maßnahmen nach sich zieht.

– Gewiß, wir haben die überwältigende Zustimmung der Mehrheit unseres Volkes zu diesen Maßnahmen! Aber wir wollen auch deine Zustimmung, deine persönliche Zustimmung, und wir werden dich nicht lassen, bis du in aufrichtiger Erkenntnis der Notwendigkeit unserer Maßnahmen restlos zu uns stehst.

FUNKTIONÄR Es hat sich gezeigt, daß unsere Maßnahmen fast ausnahmslos von der Lehrerschaft akzeptiert und unterstützt werden. Deshalb können wir uns künftig darauf beschränken, anstehende sprachregelnde Maßnahmen in Rundschreiben bekanntzugeben – wie das zur Unterstützung ja auch bereits geschehen ist. Natürlich schließt die anstehende Neuregelung nicht aus, daß in Sonderfällen auch noch direkte Gespräche durchgeführt werden. Im Grundsätzlichen besteht aber mittlerweile genügend Klarheit und Übereinstimmung; da ist, so meinen wir, die Sache »gelaufen«.

LEHRER Die Sprachmaßnahmen werden in Zukunft aber doch gewiß fortgesetzt, oder?

FUNKTIONÄR Selbstverständlich. Die Sprachkommission arbeitet ja nun ständig weiter, sie tastet, wenn man so sagen darf, mit kritischen Organen den Sprachleib ab und findet da naturgemäß weiche, verdorbene Stellen. Die müssen zur Gesunderhaltung des Ganzen herausgeschnitten werden. Aber ich sagte Ihnen bereits letztes Mal, daß es hier nicht bloß um ein Wegnehmen geht, sondern zugleich um ein Ergänzen, um positive Ergänzung. So, und damit will ich gleich zur diesmaligen Maßnahme kommen. Ich darf Ihnen hier zur Vereinfachung den entsprechenden Abschnitt aus dem kommenden Zirkular vorlegen. Es wird Sie noch einmal dazu auffordern, den fragwürdig gewordenen Begriff »Erörterung« nicht mehr in dem Sinne zu gebrauchen, den er als bewußt eingesetztes Täuschungswort in der sogenannten »Republik« inne hatte. Und es heißt weiter: »Falls man während einer gewissen Übergangsphase eine weitere Anwendung dieses Begriffs nicht glaubt vermeiden zu können, so setze man ihn nur glossierend ein oder hebe ihn durch Anführungsstriche vom übrigen Text ab.« Was sich bei mündlichen Ausführungen ja ohne weiteres durch entsprechende Betonung bewerkstelligen läßt. Wir können in dieser Sache mit Ihrer Unterstützung rechnen?

LEHRER Ich nehme an, Sie sind diesmal noch gekommen, um mir die Gründe zu erläutern?

FUNKTIONÄR Selbstverständlich, dazu bin ich hier. Und ich möchte Sie noch mal expressis verbis auffordern, sämtliche Einwände und Bedenken vorzutragen, die Sie beschäftigten. Nur wenn Sie vollauf überzeugt sind, werden Sie selbst überzeugend wirken. Wir können hier alles ganz kollegial besprechen: ich hoffe, Sie nehmen mir das ab.

LEHRER Ja.

FUNKTIONÄR Schön. Und da wir gerade so offen reden, will ich Ihnen auch gleich ohne Schnörkel sagen, weshalb Ihnen eben nicht sofort die Begründung der Maßnahme mitgeliefert wurde: ich hatte nach unseren recht ausführlichen Gesprächen bisher ein wenig die Hoffnung, Sie könnten nun selbst mal der Sache auf die Spur kommen. Ich meine, dazu genügte hier fast schon, daß man sich dieses Wort nur mal anhört, genau anhört: Erörterung, die Er-ör-te-rung. Das klingt wohl kaum zufällig so eigentümlich, hier zeigt sich schon Wesenhaftes. Vergegenwärtigen Sie sich insbesondere mal den Plural, der hier eingeschlossen ist: die Örter. Klingt befremdlich, oder? Dagegen die Einzahl: der Ort. Das ist etwas Festes, etwas Sicheres, auf das sich bauen läßt. Aber wiederum: die Örter? Wo ist hier die Festigkeit, die Sicherheit, das Selbstverständliche? Das ist aufgelöst: kein Ort mehr, an dem man verwurzelt ist, vielmehr ein Überall und Nirgendwo. Und da hinein versetzt einen die Erörterung, da wird hin- und herlaviert oder jongliert, da wird alles relativ oder relativistisch, da wird aufgelöst und letztlich zerstört, was vorher klar, sicher, fest war, oder wenn Sie so wollen: ortsfest oder: standfest. Sie müssen zugeben, daß diese »Erörterung« nicht in unsere Zeit paßt, in unser Land: da wird ja nun gerade auf klare, feste Orientierung hingearbeitet. Es ist also nur folgerichtig, wenn hier das betreffende Wort verschwindet und anderen, positiveren Wörtern Platz macht. Ich nehme an, damit ist Ihnen der Sinn der gegenwärtigen Maßnahme bereits einigermaßen klar.

LEHRER Doch – eigentlich, was Sie da sagen, das scheint in sich ziemlich schlüssig.

FUNKTIONÄR Es »scheint« Ihnen »ziemlich« schlüssig? Ist das nicht eher eine Widerlegung dessen, was Sie sagen, zu sagen vorgeben?

LEHRER Nein, ich wollte damit nur andeuten, daß, also daß hier einiges vom Ansatzpunkt abhängt. Wenn man den akzeptiert, dann ist völlig konsequent, was Sie sagen.

FUNKTIONÄR Aber Sie akzeptieren nicht diesen Ansatzpunkt?

LEHRER Ich würde so sagen: ich kann nicht generell ausschließen, daß es auch einen anderen Ansatzpunkt geben könnte. Wenn man schon über diese Fragen spricht, da müßte man das zumindest erwägen.

FUNKTIONÄR Ah ja, und das wäre denn wohl wieder einer Ihrer Beiträge zur sogenannten »Objektivität«, nicht wahr?

LEHRER Wie meinen Sie das jetzt?

FUNKTIONÄR So, wie es gesagt ist, wortwörtlich. Wenn man hier so erlebt, wie Sie sich immer wieder an gewissen Wörtern festbeißen, da wird ja nun fortlaufend bestätigt, was man diesbezüglich über Sie hört.

LEHRER Entschuldigung, was soll man denn über mich hören? Und was soll da jetzt bestätigt werden?

FUNKTIONÄR Muß ich Ihnen das wirklich sagen? Sie wissen doch nun am allerbesten, wie schwer Sie sich von den betreffenden Wörtern lösen können. Und eins der Wörter, die Ihnen besonders ans Herz gewachsen sind, ist anscheinend die sogenannte »Objektivität«. Da haben Sie sich, wie man hört, noch immer nicht von dem verfälschenden Wortsinn befreit, der diesem Begriff während der sogenannten »Republik« verliehen wurde. Obwohl Sie diesbezüglich durch das bereits erwähnte Rundschreiben ganz klar instruiert wurden.

LEHRER Ich weiß nicht – wie kommen Sie jetzt darauf? Worauf wollen Sie damit hinaus?

FUNKTIONÄR Sie haben mich durchaus verstanden – da brauchen wir uns hier nichts vorzugaukeln. Sie wissen so gut wie ich, daß in dieser Zeit der Neuorientierung mit ganz besonderer Aufmerksamkeit registriert wird, was in den Schulen gesagt, beziehungsweise gelehrt wird. Damit berichte ich Ihnen wahrhaftig nichts Neues. Und ich will Ihnen ganz unumwunden sagen, daß unserer Behörde kritische Hinweise, Ihre Unterrichtsführung betreffend, zugekommen sind. Demnach waren Sie, wie gesagt, nicht in der Lage, sich unter anderem von dem eben genannten und nun wirklich hinreichend diskreditierten Begriff der sogenannten »Objektivität« zu lösen. Indem Sie beispielsweise glauben, »der ›Objektivität‹ halber« – wörtlich so – auf Verfügungen hinweisen zu müssen, die Ihnen offenbar nicht so recht schmecken.

LEHRER Ich weiß nicht, wie Sie das jetzt – ich hab bestimmt nicht –

FUNKTIONÄR Bitte, Sie müssen sich hier nicht verteidigen, wir sind unter uns, ich habe das mittlerweile oft genug betont. Ich habe Ihnen lediglich einen kollegialen Hinweis erteilt. Und diesen Begriff »kollegial« benutze ich hier ganz bewußt, auch jetzt. Denn ich habe, um Ihnen das mal sehr offen zu sagen, das Gefühl, daß Sie manchmal eine falsche Vorstellung von sich entwickeln, daß Sie sich sozusagen selbst im Wege stehen! Da vergessen Sie offenbar, daß Sie ja nun längst eine positive Grundsatzentscheidung getroffen haben – schließlich führen Sie Ihren Lehrberuf auch unter der neuen Regierung weiter, Sie haben wie alle Kollegen das entsprechende Gelöbnis abgelegt. Und Sie benutzen, genau wie Ihre Kollegen, das neue Unterrichtsmaterial. Nur manchmal, bei ein paar Wörtern, da hakt irgendwas in Ihnen aus. Ich meine aber nun, es wäre für Sie wirklich an der Zeit, sich selbst einzuholen. Und Sie tun endlich mit Überzeugung, mit voller Überzeugung, was Sie sowieso schon längst tun! – Dies wollte ich nur mal zum Grundsätzlichen gesagt haben. Ich nehme an, Sie werden jetzt mit größerem Verständnis aufnehmen, was ich Ihnen im zweiten Teil meiner heutigen Mission mitzuteilen habe, als ergänzende Maßnahme innerhalb der Sprachregelung.

4

Goldberg-Variationen

1

Keyserlingk spricht halblaut vor sich hin, langsam, mit längeren Pausen zwischen den Sätzen.

KEYSERLINGK Goldberg soll kommen. Der Goldberg soll kommen! Wo bleibt denn dieser Goldberg? Wie lang muß ich hier noch warten, bis er endlich mal kommt? Nun komm schon, Goldberg!

Und ein deutlicher akustischer Kontrast: Vorbereitungen im Aufnahmestudio. Läufe auf einem Vibraphon, Schlegel werden abgelegt, ausgetauscht, erneute Vibraphonläufe, dann Klavieranschläge. Auf der Grundlage des folgenden Textes spricht der Autor improvisierend über diese Hörspielproduktion.

AUTOR Der hier eben gesprochen hat und gleich wieder sprechen wird, ist Graf Keyserlingk, soll Graf Keyserlingk sein. Mit komplettem Namen Hermann Karl Graf von Keyserlingk. Über diesen Mann brauche ich als Autor kaum Informationen. Es genügt hier zu wissen, daß er russischer Gesandter war, daß der junge Musiker Goldberg für ihn gearbeitet hat, in Dresden. Und daß Johann Sebastian Bach ihm als seinem Schüler kollegial eine Variations-Reihe geschrieben hat, die Goldberg diesem Keyserlingk vorspielte. Zum größten Teil hat Goldberg aber wohl eigene Arbeiten vorgespielt, er hat verschiedene Kompositionen hinterlassen – sie sind im Riemanschen Musiklexikon verzeichnet. Ich nehme an, daß Goldberg vor Keyserlingk aber meist improvisiert hat, dafür war er bekannt. In diesem Hörspiel wird Wolfgang Breuer an seiner Stelle spielen, und zwar auf Klavier, Vibraphon, Perkussionsinstrumenten. Gleichzeitig mit den musikalischen Improvisationen wird der Part des Grafen Keyserlingk gesprochen. So soll ein Dialog zwischen Wort und Musik entstehen.

Und wieder Keyserlingk, leise sprechend, fast murmelnd, mit längeren Pausen.

KEYSERLINGK Komm schon zurück, Goldberg! Immer nur rumsaufen ... Weißt doch, daß ich dich brauche, grade jetzt! Da hält man sich eben bereit. Nun komm schon!

2

Goldberg spielt sich auf dem Flügel ein – erste Annäherungen an das musikalische Material, das für die Improvisation während der folgenden Musik-Text-Sequenz bestimmend sein wird. Ein halblautes »Aha« des Grafen, wenn sich aus den Läufen und Akkorden eine erste Figur herausbildet. Sobald diese Figur sich durch Wiederholung bestätigt, sobald hier improvisatorische Ausführung und Weiterführung einsetzt, bemerkt Keyserlingk halblaut: »So langsam spielst du dich ein ...« Erst wenn die Musik sich gleichsam »gefunden« hat, beginnt Keyserlingk zusammenhängend zu sprechen.

Weißt du, sonst liegt meine Zunge oft unbeholfen in der Mundhöhle, ein Gegenstand, der lebenslang feucht ist, aufgequollen, entsprechend weich, entsprechend laff, so was setzt sich natürlich nur ungern in Bewegung, artikulierend. Aber wenn du spielst, da vergißt sie leichter, daß sie in dieser feuchten, fast immer dunklen Mundhöhle eingeschlossen liegt, sie wird beweglicher, freier: ich spreche.

Die Musik hat diese Befreiung der Artikulation unterstützt. Überhaupt geht Goldberg in dieser ersten Text-Musik-Sequenz völlig auf Keyserlingk ein. Der wartet nun eine geeignete Phrasierung ab, spricht dann weiter in die Musik hinein.

Zum Beispiel könnte ich dir jetzt erzählen, wie ich von Petersburg hierher nach Dresden gereist bin – so was hörst du sicher gern, nicht wahr, da weißt du wieder etwas genauer, für wen du spielst.

Goldbergs Musik verdichtet, steigert sich in der folgenden Textphase: rhapsodische Musik mit vorantreibenden Baßakkorden. Bei Keyserlingks Beschreibung der Sturmfahrt wirkt diese Musik beinah programmatisch – ein gleichzeitiges Steigern von Sprech- und Musikintensität.

Am besten würde ich natürlich beginnen mit der Abfahrt, und wie der Dreimaster bei magerem Wind sehr langsam an der Inselfestung Kronstadt vorbeifuhr, und sehr lange, viel zu lange sah man, zurückblickend, die befestigten Batterien, die Türme. Dann könnte ich dir, in dramatischem Kontrast, von dem Sturm erzählen, und weil ich es da in der engen, muffigen Kabine schon gar nicht mehr aushielt, lag ich in einer Hängematte auf Deck, in einen Mantel gewickelt, sah zu, wie das Vorschiff sich hob, senkte, schrägte, sich hob, senkte, und schließlich ein so riesiger Brecher, daß es mich fast aus der Hängematte gespült hätte.

Die Musik nun in voller, virtuoser Entfaltung; Keyserlingk macht eine kurze Sprechpause, setzt dann seinen Bericht fort. Goldberg scheint genau hinzuhören, denn sobald der Graf »lyrisch« wird, wird auch die Musik »lyrisch«.

Ja, und dann die elend lange Kutschfahrt, und wie üblich brach die Vorderachse und kein Schmied im nächsten Dorf, der Kutscher brutal fluchend, und weil das Wirtshaus mal wieder eng, finster, stinkig war, ließ ich mir einen Stuhl und einen Tisch auf die Dreschtenne stellen, saß da, frierend, stellte mir vor, rings um mich her würde warmes, sonnenwarmes, sommerwinddurchwärmtes Getreide hochgeschichtet.

Keyserlingk hört sich kurz das rhapsodisch-»lyrische« Spiel an.

Ja, von all dem könnte ich erzählen, während du weiterspielst. Was hältst du davon?

Goldbergs Antwort: er führt die Improvisation weiter, bis zur akkordischen Schlußauflösung.

3

Auf und abgehend diktiert Keyserlingk einen Brief. Wörter, die für den Schreiber schwierig sein könnten, spricht er silbengenau aus.

Auch wenn ich im gegenwärtigen Schreiben noch nichts Genaueres über die inneren und äußeren Verhältnisse dieses Landes berichten kann, so möchte ich doch betonen, Euer Gnaden, daß ich meine Stellung als Gesandter vollauf nutzen

werde, um an alle nur erreichbaren Informationen über dieses Land zu kommen, soweit sie für Ihr Ministerium und damit für unser Reich von Wert sein dürften. Absatz.
Ich kann Ihnen heute lediglich berichten, daß die Freiheit der Meinungsäußerung de facto in diesem Land nicht so groß ist, wie es uns in Petersburg noch erscheinen mochte. Ich habe erfahren, daß einem Beamten des Innenministeriums gravierende Vorwürfe gemacht werden, weil er eine Broschüre zum Druck zuließ, deren Inhalt der hiesigen Gesellschaftsordnung widerspricht; Strichpunkt; es soll ein Verfahren gegen diesen Beamten eingeleitet werden.
Unabhängig davon ist ein Ergebnis – unterstreichen: ein Ergebnis – freilich jetzt schon erkennbar: Doppelpunkt: es wird von nun an noch schärfer darauf geachtet, daß kritische Publikationen nicht mehr erscheinen. Absatz.
Soweit meine ersten Informationen; sie werfen vielleicht schon ein wenig Licht auf die hiesigen Verhältnisse. Sobald ich neues Material habe, werde ich Ihnen verabredungsgemäß per Kurierpost Bericht erstatten.

4

Goldberg spielt wieder auf dem Flügel; eine »sanfte«, »wohlklingende«, sich ständig wiederholende Figur der linken Hand, dazu Klänge von Becken und Triangeln; zuweilen werden mit dem Schlegel auch Saiten des offenen Flügels angeschlagen. Die Musik bleibt konsequent in der improvisatorischen Verarbeitung des Materials, sie reagiert nicht auf den Bericht des Grafen.

Zum Beispiel ein Lehrjunge – wie wird der heute, 1748, hier in Dresden behandelt? Da fängt die Arbeit an um sieben, und die geht bis zwölf, dann ein warmes Gericht am Tisch des Meisters, aber da sind die Portionen meist knapp, die Lehrjungen müssen oft noch um ein zusätzliches Stück Brot betteln. Kaum ist der letzte Bissen runter, geht es wieder an die Arbeit. Um vier, zur Vesper, darf man sich noch eine Scheibe Brot abschneiden, Salz draufstreuen, und das wird rasch am Arbeitsplatz gegessen. Und weiter gehts, insgesamt zwölf Stun-

den, dreizehn Stunden lang.
Und in dieser Zeit wenig Belehrung und reichlich Bestrafung. Ein Arbeitsgang wird meist nur einmal, höchstens zweimal vorgemacht, dann muß ihn der Lehrjunge genausogut ausführen können wie der Meister. Aber da fehlt natürlich noch die Erfahrung im Umgang mit dem Werkzeug, mit dem Material, und das ist für einen Meister Anlaß genug, den Lehrjungen anzuschreien, zu knuffen, zu prügeln, mit einem Stock, mit der bloßen Faust oder mit einem Werkzeug, das ihm gerade in die Hand kommt. In einem Fall, von dem ich hier gehört habe, versuchte der Lehrjunge aus dem Raum zu fliehen, aber er kam nur bis zur Tür, der Meister drosch weiter auf ihn ein, der Kopf des Lehrjungen gegen das Türschloß geschlagen, die Lippen geschwollen, aufgeplatzt, dazu Beulen, Schrunden, Wunden. So was passiert immer wieder, vielleicht sogar jetzt, in diesem Moment, während ich das erzähle und während du hier spielst: in diesem Augenblick kann ein Meister mal wieder seinen Lehrjungen schlagen, hart wie üblich, brutal wie üblich, und wenn der Lehrjunge schreit, dann heißt es: Was, du schreist noch? Und es gibt gewöhnlich ein, zwei Dutzend Schläge dazu, mit der Faust, mit der Peitsche, mit dem Stock, und wenn der Lehrjunge jetzt noch mehr schreit, wird er noch härter geschlagen, und weil er daraufhin noch lauter schreit, wird er wiederum brutaler geschlagen. Du weißt das, du erfährst so was immer wieder, sicher auch durch deine Freunde oder Kumpane, mit denen du öfter in der Wirtschaft hockst – und trotzdem machst du Musik, mit Recht, und ich höre diese Musik, mit Recht, und das dürfen wir uns nicht kaputtmachen lassen. Oder würden die Lehrjungen deswegen vielleicht seltener geschlagen, wenn du weniger Musik machst, hier?

Goldberg spielt noch einige Takte weiter, bricht dann ab. Dennoch scheint Keyserlingk zufrieden.

Na also!

5

Man hört Wasser plätschern: eine Brunnenanlage? Und fern mehrere Frösche: ein Teich? Außer dem gleichmäßigen Wasser- und Froschgeräusch hört man

nichts: eine Nachtstunde? Keyserlingk scheint umherzuschlendern, er spricht halblaut vor sich hin.
Und jetzt – kein Goldberg hier. Nichts von einem Goldberg hier draußen. Oder?

6

Vorspiel auf dem Vibraphon; schnelle, trockene Klangfolgen. Sobald Goldberg übergeht zu weichen, schwingenden Akkorden, beginnt Keyserlingk zu sprechen.

Eigentlich könntest du in der Hinsicht mal was für mich tun: daß ich eine satte, wohlgerundete Stimme kriege. Müßte doch möglich sein, Goldberg, wenigstens im Laufe der Zeit, daß sich deine Musik da positiv auswirkt oder sozusagen einfärbt. Bitte, wir könnten dabei systematisch vorgehen, Vokal um Vokal, und wir fangen an mit dem a, ich spreche es aus: aa, halte den aa-Klang an – schon lauter aas in diesem Satzteil, hast du gemerkt? »Halte den aa-Klang an.« Gutes Vorzeichen, wie?

Also, während ich den aa-Klang anhalte, spielst du weiter, und deine Klangfolgen stützen dieses aa von unten her ab, wachsen in den aa-Klang hinein, verändern ihn langsam aber hörbar, zumindest im Laufe der Zeit, machen ihn satter, glatter, klangvoller: aaaa –

Goldberg »stützt« den Vokalklang durch Vibraphonklänge. Während Keyserlingk den aaaa-Laut weiterhin anhält, »bricht« Goldberg freilich »aus«: eine rasche, intensive Musikphase. Sie geht über in eine schwingende, ostinate Spielfigur.

Oder ist es besser, ich laß den aa-Klang anschwellen und abklingen, damit er deinen Schwingungen mehr Ansatzfläche bietet? Bittesehr: aaaaa –

Wieder bringt Goldberg »Stützakkorde«, wieder »bricht er aus«. Dem Crescendo des aa folgt ein Decrescendo; der Laut wird schließlich aus Luftmangel brüchig. Die Musik wieder betont »selbständig«.

Nicht gerade schön. Vielleicht ist doch besser, ich halte das aa gleichmäßig an, nur tiefer als eben: da ist dann die Schwingung

nicht so hochgepreßt, die Bänder vibrieren lockerer, deine Klänge können sich leichter einschwingen –: aaaa –
Alles noch ziemlich unzulänglich . . .

Und nun macht Goldberg hörbar, daß seine Musik – im Gegensatz zur Klangerzeugung des Keyserlingk – keineswegs unzulänglich ist: virtuos »trumpft er auf«.

7

Halblaut und rasch liest Keyserlingk einen Brief durch, den er diktiert hat. Bei schwierigeren Wörtern liest er silbengenau mit. An einer Stelle korrigiert er das Schreiben.

Wie ich in Erfahrung gebracht habe, wird vom hiesigen Handelsministerium geplant, die Einfuhrzölle auf verschiedene Artikel so anzuheben, daß sie in ihren Auswirkungen Schutzzöllen gleichen. Man scheint hier in den maßgeblichen Kreisen – in den maßgeblichen Kreisen? In maßgeblichen Kreisen . . . Man scheint hier in maßgeblichen Kreisen freilich Wert darauf zu legen, daß der Begriff »Schutzzoll« nicht in die Debatte gebracht wird.
Ich berichte Ihnen dies schon jetzt, damit unser Handelsministerium rechtzeitig informiert und gewarnt ist. Eine Aufstellung der Artikel, die mit diesem Schutzzoll belegt werden sollen, konnte ich nicht erhalten; ich werde sie Ihnen zustellen, sobald sie in meine Hände gelangt ist.
Im nächsten Schreiben hoffe ich des weiteren einen ersten Bericht erstatten zu können über die hiesige Armee. Ich kann hier bereits andeuten, daß aufgrund der harten, ja brutalen Behandlung der Soldaten die Moral dieser Armee schlecht ist. Es kommt häufig zu Desertionen, obwohl dies äußerst streng bestraft wird, insbesondere durch das hier übliche Spießrutenlaufen, das gewöhnlich mit sehr ernsten Verwundungen, gelegentlich sogar mit Todesfolgen endet.

8

Goldberg spielt auf dem Flügel und auf Perkussionsinstrumenten – eine rhapsodische, »schönklingende« Musik. Keyserlingk spricht kalt, hart; Wörter wie »Reinheit«, »Unschuld« oder »sauberlecken« ekeln ihn hörbar an.

Soll ich dir mal was verraten, Goldberg? Manchmal hasse ich Musik! Nicht nur deine Musik, Musik überhaupt. Da hasse ich diese Klänge, die sich in sich abrunden, die sich geordnet folgen, die sich sinnlich schichten. Ich hasse ihre »Reinheit«, ihre »Unschuld«. Die ist doch nur vorgetäuscht, wie könnte das in dieser Welt auch anders sein?

Eine kurze Sprechpause; nur die rhapsodische Musik.

Damit du an deiner Musik mal selbst hörst, wie die sich andauernd sauberleckt, will ich dir von einem Vorgang erzählen, den du vielleicht schon kennst. In dem Fall hörst du es dir eben noch mal an, kann dir auch nicht schaden.

In der folgenden Phase werden die rhapsodischen Strukturen der Musik »durchlöchert«: Goldberg spielt ostinate Akkorde in dem Bereich, in dem der Flügel präpariert ist; Klebestreifen über mehreren Saiten. Die Schwingungen hier abgedämpft, spröde, stumpf.

Also: der Mann, Seilermeister, vorher preußischer Unteroffizier, er heiratet eine 16jährige. Mit 17 kriegt sie das erste Kind, freut sich drüber. Aber nicht lange. Denn beim Nähren entzünden sich ihre Brustwarzen, sie kann das Kind nicht weiter anlegen, die Schmerzen sind zu groß. Sie will das ihrem Mann aber nicht sagen, denn selbstverständlich verlangt der, daß sie das Kind selbst nährt, das wird man als deutscher Handwerksmeister ja nun erwarten dürfen! So stellt seine Frau eine Nachbarin an, die gerade ein uneheliches Kind geboren hat, sie nährt das eigene Kind mit: sobald der Seilermeister aus dem Haus ist, wird sie rasch herbeigerufen, zum Nähren.

Und nun ein Abend, an dem im Haus des Seilermeisters Verwandtschaft beisammensitzt, man trinkt, und nach einigen Stunden fordert der Seilermeister seine Frau auf, endlich das Kind zu nähren, das sei ja wohl den ganzen Tag noch nicht geschehen. Sie will nicht, er besteht darauf, sie macht Ausflüchte, er läßt keine Entschuldigung zu: daß sie Schmerzen hat, unerträgliche Schmerzen, das interessiert ihn überhaupt nicht, eine Frau hat gefälligst ihr Kind zu nähren! Er droht schließlich an, er werde ihr das Kind mit Gewalt anlegen, hier, vor der Verwandtschaft! Da schreit sie: Du bist der Urheber des Kinds, ernähr du es doch, mich macht der Balg ja doch nur kaputt!

Und hier wird hörbar, daß Goldberg diesem Bericht durchaus folgt, während er spielt, daß ihn das Gesagte offenbar beeindruckt, damit beim Spielen beeinflußt: er verzichtet auf die Perkussionsinstrumente – mechanisch wiederholt er nur noch den abgedämpften, »stumpfen« Klavierakkord, »tritt« gleichsam »auf der Stelle«. Keyserlingk reagiert mit böser Freundlichkeit.

Spiel gefälligst weiter wie bisher, Goldberg, da darf sich nichts ändern, sonst merkst du ja nicht, was du machst!

Goldberg folgt dieser Anweisung; wieder die rhapsodische Improvisation; freilich bleiben die spröden Akkorde der präparierten Saiten ostinat.

Also: der Seilermeister, vorher preußischer Unteroffizier, rennt raus, kommt mit der Karbatsche zurück, beginnt seine Frau auszupeitschen. Die Verwandten wollen ihm das ausreden, er droht ihnen Peitschenhiebe an, schlägt seine Frau noch härter: die Verwandten flüchten. Er zerschlägt Teile der Zimmereinrichtung, sicher einen Spiegel, einen Waschtopf, peitscht seine Frau blutig. Und danach Ruhe, für ein paar Tage.

Die Musik nun rasch und dicht: als sollte das Gesagte »überdeckt« werden.

Er fragt mal böse, wieviel die junge Frau erhält, die sein Kind miternährt: es sind sechs Groschen die Woche.

Die Musik nun wieder wie zu Beginn: rhapsodisch. Weiterhin die spröden, ostinaten Akkorde.

Nächste Phase: ein Besuch des Seilermeisters bei der Schwiegermutter. Sie erfährt nun, daß ihre Tochter das Kind nicht selbst nährt, gerät aus dem Häuschen: Das hätte ich mal tun sollen, da hätte mein Mann mich aber gefegt! Tut den ganzen Tag nichts, liegt meist im Bett, nährt nicht mal ihr Kind! Mit dem bißchen Schmerz wird man ja wohl noch fertig werden!

Der Seilermeister, aufgeputscht, angetrunken, kehrt nach Hause zurück, feuert die junge Amme raus, die gerade das Kind nähren will, befiehlt seiner Frau, augenblicklich das Kind anzulegen, zu nähren. Natürlich geht das nicht, ein paar Wochen hat sie es nicht mehr genährt, keine Milch mehr da. Er verlangt das trotzdem, die Milch werde dann schon kommen. Sie legt das Kind nicht an, noch immer die Entzündung, eine wuchernde Entzündung, aber das interessiert ihn nicht. Er peitscht sie wieder aus, fast bis zur Bewußtlosigkeit.

Wieder eine hörbare Reaktion der Musik: erneut verengt sie sich auf die spröden Wiederholungsfiguren der präparierten Saiten. Aber diesmal muß Goldberg nicht ermahnt oder zurechtgewiesen werden; von selbst spielt er weiter wie zuvor. Damit setzt denn auch Keyserlingk seinen Bericht fort.

So was verbessert nicht gerade ihr Verhältnis zum Kind; sie gibt ihm einen Teil der Schläge weiter, reinigt es immer seltener, sorgt kaum noch für seine Ernährung, das Kind fällt vom Fleisch.

Hier verändert sich Goldbergs Musik erneut – er wiederholt nicht weiter den abgedämpften, ostinaten Akkord, spielt auch nicht mehr auf den Perkussionsinstrumenten, sein Spiel wird langsamer, »wohlklingend«. Will er damit den Grafen von seinem Bericht abbringen? Keyserlingk reagiert sofort auf diese Änderung, er spricht leiser, sanfter.

Die alten Weiber von Verwandtschaft und Nachbarschaft behaupten nun, das Kind sei behext; es wird gemurmelt und geräuchert, die Hausschwelle wird geschlagen und gepeitscht, nützt alles nichts, auch nicht die Messe, die über dem Kind gelesen wird: es geht ein.

Die wohlklingende Musik wird fortgesetzt.

So, und jetzt bleibt deine Musik gefälligst genauso wie bisher!

Aber Goldberg spielt nicht wieder Akkorde auf den präparierten Saiten, spielt nicht wieder auf den Perkussionsinstrumenten, er führt konsequent die neue, »wohlklingende« Musikphase weiter bis zum – unaufgelösten – Schlußakkord.

9
Keyserlingk spricht halblaut wie zu Beginn. Enttäuschung längeren Wartens läßt ihn freilich etwas entschiedener werden.

KEYSERLINGK Komm schon, Goldberg, hier wird aufgespielt! Weißt doch mittlerweile, wie das bei mir ist mit dem Einschlafen. Da hält man sich gefälligst in der Nähe auf, besonders zu diesem Zeitpunkt.

Und erneut die Klangatmosphäre des Aufnahmestudios: der Musiker spielt sich auf dem Flügel ein, fragt den Toningenieur, ob die Bässe nun richtig eingepegelt sind.

AUTOR Bei dieser Gelegenheit könnte ich mal zwischenfragen, für die Zuhörer, ob so ein Keyserlingk bei seinen offensichtlich anhaltenden Schlafstörungen nicht lieber »beruhigend« alte Musik hören würde. Aber erstens hat sich der historische Keyserlingk, wie seine Zeitgenossen, damals fast nur Musik seiner Zeit angehört: da spielte man nicht Musik, sagen wir mal, aus dem 12. Jahrhundert. Deshalb wird hier zeitgenössische Musik gespielt, damit das Verhältnis wieder stimmt. In diesem Hörspiel wird ja auch nicht die Sprache des 18. Jahrhunderts gesprochen.

Und wieder Keyserlingk, der auf Goldberg wartet, schläfrig und zugleich ungeduldig.

KEYSERLINGK Hast das wahrscheinlich noch nie erlebt, Goldberg, wie das ist, wenn man nicht einschlafen kann. Steigst ins Bett, mummelst dich ein, bist weg. Hast nichts mehr mit dir zu tun. Schmeckst dir nicht nach, stößt dir nicht auf. Ins Bett und weg. Und mir soll das nicht zukommen, he? Mach schon, Goldberg.

10
Goldberg spielt auf dem Flügel, jazzähnliche Phrasierungen in weitgespannten, rhapsodischen Strukturen.

Ich seh noch genau den Soldat vor mir oder den Delinquenten, wie es heißt, wie er hineinrannte in die Doppelreihe von zweihundert oder dreihundert Soldaten, jeder mit einem Prügel, Stock, Knüppel, und der Soldat verschränkte die Unterarme über dem Kopf, machte sich möglichst klein, während er rannte, aber das traf sehr dicht seine Schultern, seinen Rücken, seine Unterarme, Oberarme, auch seinen Kopf, und seine Haut wurde blau und braun und grün, wurde aufgerissen, aufgefetzt.

Hier hat Goldberg mit vorantreibenden Akkorden sein Spiel weiterhin intensiviert: versucht er zu überspielen, was Keyserlingk erzählt?

Ich habe es genau gesehen, vom Rand des Exerzierfelds aus; jeder, der gerade vorbeikam, konnte zuschauen. Kannst du mir so was nicht aus dem Kopf scheuchen? Ungefähr mit solcher Musik? Und je länger du spielst, desto kürzer wird in meiner Erinnerung diese Doppelreihe, durch die der Soldat rennt, rennen muß, desto flüchtiger streifen ihn die Schläge, wenigstens in meiner Vorstellung, und wenn du sehr lang spielst, und sehr gut, seh ich diese Doppelreihe überhaupt nicht mehr, der Soldat löst sich ebenfalls auf, ist vergessen, weg, und es ist nur noch diese Musik da? Nichts anderes mehr, das mir durch den Kopf geht, als diese Klangfolgen: ob du das schaffst?

Die virtuose rhapsodische Musik; Goldberg setzt schwungvoll Schlußakkorde, läßt den letzten Akkord lange nachschwingen.

11

Auf und abgehend diktiert Keyserlingk erneut ein Schreiben an die russische Regierung, der er dient. Einmal wird er beim Diktieren zu schnell; er wiederholt den Satz. Wieder die silbengenaue Aussprache bei schwierigeren Wörtern.

Es dürfte in diesem Zusammenhang vielleicht interessant sein, daß man den Bauern hier eine neue Pflanzordnung vorschreibt, wobei man freilich einigen Widerstand findet. Allerdings sollen, wie ich höre, alle Bauern, die diese neue Pflanzordnung nicht einhalten, zur Rechenschaft gezogen werden.

Man betont, die Konzentration des Anbaus auf die vorgeschriebenen Produkte sei durch die Wirtschaftslage bedingt; auf persönliche Vorlieben, Abneigungen oder Gewohnheiten könne hier keinerlei Rücksicht genommen werden!
Ein möglicher Versuch einiger Bauern, sich auf dem Rechtsweg gegen die neuen Vorschriften zu schützen, dürfte bei der hiesigen Justiz aussichtslos sein. Die Richter greifen hier gewöhnlich scharf durch; es werden zum Teil sogar noch Folterungsmethoden angewendet.

12

Goldberg spielt auf einem präparierten Klavier: alle Saiten von Klebestreifen abgedämpft. Ein trockenes, sprödes Spiel, das sich den Forderungen des Grafen nach Klangentfaltung konsequent widersetzt.

Wie wär's, Goldberg, willst du mir nicht mal ganz neue Erlebnisse vermitteln? Und du ziehst mich sozusagen durch meine Ohren aus mir heraus, verpflanzt mich in neue Klangwelten, extra hergestellt für mich?

Mit ostinater Sturheit spielt Goldberg seine rhythmische, spröde Musik weiter.

Natürlich, ich kann mir schon denken: du machst solche Musik nicht gern, schon gar nicht nach meinem Programm. Aber bitte, ich bezahle dich nun mal für dein Musikmachen, da kann ich mir ja wenigstens gelegentlich eine Maßanfertigung wünschen.

Aber auch jetzt ändert sich Goldbergs Musik nicht. Keyserlingk will ihn nun »mitreißen«.

Wie wär's zum Beispiel mit Klangwellen, und ich höre sie auf mich zukommen, sie kitzeln mir erst die Zehen, umschließen dann meine Knöchel, reichen mir bis an die Knie, läuten mir zwischen den Beinen, umschließen meinen Bauch, lecken mir die Brustwarzen, umgurgeln meinen Hals, schnalzen mir ans Kinn und dann, in diesem Moment, stoße ich mich ab, schwebe, und du hältst diese Wellen, Klangwellen, die ich umsetze, die ich übersetze, und ich sehe mich getragen von azurblauem Wasser, das weit draußen gleißt, stelle mir weiter vor, daß rechts die Bucht abgeschlossen wird von einem riesigen Felsklotz, macchiabewachsen, würzig riechend, Salbei, viel Salbei, und oben Korkeichen und Olivengrün. Ja, und links, wie würde die Bucht hier abgeschlossen? Da kann nicht schon wieder so ein Felsklotz reingestellt werden, da müßte was anderes hin – aber was? Da müßtest du mir aushelfen, Goldberg, unter die Arme greifen, da darf kein Loch sein, Goldberg, sonst läuft das Wasser ab, durch das Bildloch, gurgelnd, da muß ein Spund rein, nun mach schon!

Noch immer keine Klangentfaltung, keine »Klangwellen«; Goldberg improvisiert sein musikalisches Material in spröder Artikulation konsequent durch.

Nichts? Gar nichts? Nicht die kleinste, laff schlappende Klangwelle? Gut, ich will dir ein bißchen entgegenkommen, wenn du das nicht hinkriegst – wie wär's beispielsweise mit einem Klangteppich? Ein großer, weicher Klangteppich mit gleichmäßigem Muster? Und der trägt mich fort, und ich sehe tief unten Orientalisches wie zu erwarten: Häuser und Terrassen und Palmen, viele Palmen, sehr viele Palmen? Dazu Esel, Basare, Göpelbrunnen? Und Turbane, Schleier, Krummschwerter? Und hochragende Minarette mit Mondsicheln obendrauf? Da müßten wir dann hinfliegen, und haarscharf am Turm vorbei und in elegantem Schwenk rüber zum nächsten Minarett, dahinter die Abendsonne, das Minarett also schwarz, als Umriß – ist das kein Entwurf, he? Reißt dich das nicht mit?

Goldberg geht auf Keyserlingks Wünsche nach Programm-Musik auch jetzt nicht ein. Keyserlingk hört sich das ostinate, spröde Spiel kurz noch an, stellt dann fest:

Du kannst manchmal verdammt stur sein, Goldberg!

Wie zur Bestätigung spielt Goldberg weiter, wie er während dieser gesamten Text-Musik-Sequenz gespielt hat.

13

Von fern hört man Viertelstundenschläge, dann Stundenschläge. Keyserlingk geht in einem großen Raum umher, spricht halblaut vor sich hin – offenbar wieder eine Nachtstunde.

Möcht wissen, wo schon wieder der Goldberg steckt. Soll ein bißchen aufpassen, mit seinem Umgang. Hierzulande ist man rasch erwischt. Soll sich lieber in meiner Nähe halten.

14

Noch einmal spielt Goldberg auf dem Flügel; der ist diesmal mit Schrauben präpariert: eine spröde, metallisch klirrende Musik. Der Graf spricht in nüchtern-kühler Artikulation.

Nicht wahr, auf die allgemeinen Verhältnisse in dieser Stadt, in diesem Land, in dieser Welt kannst du mit deiner Musik nicht einwirken. Aber willst du das nicht wenigstens mal bei mir versuchen? Wär doch toll, was, wenn sich die berühmte »Macht der Musik« bei mir erweisen würde, und ich empfinde später anders als ich jetzt empfinde, vorher empfunden habe, und wenn du weiter auf mich einwirkst, spielend aber konsequent, ändert sich mit dem Empfinden das Bewußtsein, hier und dort wenigstens, und mit dem Bewußtsein das Denken, teilweise wenigstens, und das wiederum wirkt sich aus auf mein Handeln, eventuell.

Zum Beispiel könntest du von mir erwarten, daß ich mich für einige Verbesserungen einsetze, obwohl ich hier nur Gesandter bin, also Gast, der eigentlich kein Recht hat, sich einzumischen in die inneren Verhältnisse deines Landes. Aber bitte, wär nicht denkbar, wünschbar, daß ich alle Beziehungen und Verbindungen nütze, die ich als Gesandter so habe, und ich fordere zum Beispiel bessere Behandlung von Lehrjungen und Soldaten oder eine gerechtere Rechtsprechung, und ich wiederhole das eindringlich vor den Ohren all derer, die diesbezüglich etwas unternehmen könnten?

Bitte, wäre das nicht eine Sache, die du mit deiner Musik fördern mußt, unbedingt? Durch beide Ohren kannst du auf mich einwirken, kannst du das in mich einspielen, und zwar so lang du willst, mehrere Stunden täglich, und das wochenlang, monatelang, falls erforderlich – bessere Versuchsbedingungen könnte es gar nicht geben. Also ran!

Keine Aktivierungsklänge, keine antreibenden Akkorde; das gleichsam abgezirkelte Spiel setzt sich konsequent fort, unabhängig vom Gesprochenen.

Ist das jetzt schon der Versuch? Soll mich das vielleicht beeinflussen?

Auch diese höhnische Frage bleibt ohne Einfluß auf Goldbergs Musik.

15

Wieder liest Keyserlingk halblaut und rasch eins seiner Schreiben durch, macht eine kleine Korrektur.

Ich will nur rasch berichten, daß in der Bevölkerung verschiedener Bergwerksdörfer große Erregung herrscht, die wohl tiefere Ursachen haben dürfte als den unmittelbaren Anlaß: bei einem Grubenunglück wurden 17 Arbeiter getötet. Wie ich durch einen zuverlässigen Mittelsmann erfahren habe, erhebt man in den umliegenden Dörfern dieser Grube massive Vorwürfe gegen den Bergwerksbesitzer; er soll es unter anderem versäumt haben, ausreichende Stützen – ausreichende? ausreichend Stützen – ausreichend Stützen einsetzen zu lassen, es sei ihm nur darauf angekommen, den Stollen und damit den Abbau möglichst rasch voranzutreiben.

Da diese Vorwürfe einigen Zündstoff enthalten, legt man seitens der zuständigen Ämter großen Wert darauf, daß dieses »Gerede« mit allen zur Verfügung stehenden Mitteln aus der Welt geschafft wird.

Dies für heute.

16

Goldberg spielt Vibraphon: eine virtuose Eröffnung mit raschen, hart angeschlagenen Figuren, dann ein Übergang zu sanft schwingenden Klangfigurationen.

Ist dir immer noch nicht bewußt, wie viele Gründe gegen deine Musik sprechen? Machst du trotzdem Musik, oder schließt du einfach aus, was dir nicht in den Musikkram paßt? Einmal in Gang gesetzt, läuft das weiter? Kein Stolpern, kein Zögern, nichts?

In der Tat – kein »Stolpern«, kein Zögern wird hörbar; Goldberg setzt seine Improvisation fort.

Ich frage mich manchmal, wie du überhaupt nur anfangen

kannst zu spielen. Bitte, du hältst ja nun draußen deine Ohren offen, die Augen hoffentlich auch, du nimmst wahr, was hierzulande, was hierorts vor sich geht, ich sag es dir zusätzlich oft genug. Und da kannst du trotzdem anfangen zu spielen? Nur weil du zum Spielen angestellt bist, in doppeltem Wortsinn: angestellt wie eingestellt und angestellt wie angeschaltet?

Inzwischen spielt Goldberg nicht nur auf dem Vibraphon, sondern, mit den gleichen Schlegeln, auch auf Becken und Triangeln; eine sehr dichte, rhythmisch durchformte Musik.

Ja, ich merk schon, du igelst dich ein. Aber ich werd dir das noch ins Ohr setzen, und vom Ohr her frißt sich das in deinen Kopf, setzt sich da fest, wächst da, wuchert ins Rückenmark, und dann wird das ganz bestimmt deine Spielarme lähmen, deine Spielfinger verdicken, das werd ich schon noch schaffen! Zum Beispiel das Kapitel Folterungen im Namen des Rechts, auch heute noch: wahrscheinlich bist du darüber nur ganz allgemein informiert, so was willst du nicht näher an dich heranlassen, willst das nicht in dich eindringen lassen, aus Angst, das könnte sich auf deine Musik auswirken, könnte sie vielleicht sogar kaputtmachen. Und weil du das ahnst, da hörst du jetzt auch nicht auf zu spielen, obwohl dir bewußt ist, genau bewußt ist, daß Folterungen stattfinden, vielleicht sogar zu diesem Zeitpunkt, womöglich in dieser Stadt. Und man wendet, wie üblich, Feuer an, das ist seit Jahrhunderten so, seit Jahrtausenden, da erfindet man höchstens Varianten. Und hier soll es nun üblich sein, daß man den Delinquenten Holzspäne oder Werg in die Ohren steckt, und das zündet man an, auf beiden Seiten, hörst du, und das brennt sich in die Ohren oder glimmt da hinein, und die Gefolterten schreien vor Schmerz und hören kaum die eigenen Schreie, weil es im Kopf gellt und dröhnt von dem Feuer, das sich in die Gehörgänge frißt. So was müßte für jemand wie dich eigentlich eine ganz besonders grauenhafte und lähmende Vorstellung sein, und das muß nun auch mal hörbar werden, endlich mal hörbar werden in deiner Musik, das kannst du jetzt nicht mehr wegspielen oder überspielen: es brennt in den Ohren, hörst du, und die Gefolterten schreien.

Sobald Keyserlingk nun ostinat die Hinweise auf die

Ohren-Folter zu wiederholen beginnt, spielt Goldberg nicht mehr auf Becken und Triangeln, da wiederholt er nur noch, in der Lautstärke eingeschränkt, eine knappe, rhythmisch vorantreibende Figur. So kann Keyserlingk leiser sprechen. Aber gleich zieht Goldberg im Tempo wieder an, wird lauter, intensiver.

Einerseits wird hier eine Einschränkung des Artikulations-Spielraums der Musik hörbar; das könnte eine Einwirkung des Berichteten anzeigen. Andererseits ist hier die Wiederholung der rhythmisch intensiven, vorantreibenden Figur; damit scheint die Musik auf ihrem konsequenten Ablauf zu beharren.

Es brennt in den Ohren, sie schreien, hörst du, das brennt in den Ohren, sie schreien, die Gefolterten schreien, das brennt in den Ohren, hörst du, sie schreien, das brennt in den Ohren, sie schreien, sie schreien, das brennt in den Ohren, brennt in den Ohren, sie schreien, hörst du, sie schreien, das brennt in den Ohren, hörst du, sie schreien, das brennt in den Ohren, sie schreien, das brennt in den Ohren, hörst du, sie schreien, das brennt in den Ohren, sie schreien, das brennt in den Ohren, brennt in den Ohren, sie schreien, hörst du, das brennt in den Ohren, das brennt in den Ohren, sie schreien, das brennt in den Ohren, sie schreien, das brennt in den Ohren, sie schreien, das brennt in den Ohren, sie schreien, nun hör doch, das brennt in den Ohren, brennt in den Ohren, sie schreien, das brennt in den Ohren, sie schreien, das brennt in den Ohren, sie schreien, hör doch!

Und mit diesem Ruf zugleich ein harter Schlußton.

Nachwort

Die vier Hörspiele, die ich für diesen Band zusammengestellt habe, zeigen einige Entsprechungen, einige Gemeinsamkeiten.

Ein äußeres Kennzeichen: sie erschließen sich weithin durch Lektüre. Texte stereophon aufgefächerter, musikalisch strukturierter Hörspiele habe ich hier nicht aufgenommen. Beim vierten der hier abgedruckten Hörspiele, bei den *Goldberg-Variationen,* ist nun allerdings eine konsequente und intensive Verbindung mit Musik notwendig: diesen Text kann Lektüre nur zum Teil erschließen. Dennoch wurde dieses Hörspiel hier aufgenommen – nicht nur, weil ich dafür den Hörspielpreis der Kriegsblinden erhielt.

Was dieses Hörspiel mit den drei anderen Texten verbindet, ist vor allem dies: es sind Modelle gesellschaftlicher Vorgänge. Modellspiele sind keine Lehrstücke, keine didaktischen Texte. Es sind auch keine Parabelstücke: ein Parabelspiel schreiben, das heißt doch wohl, einen Vorgang entwerfen, und zwar einen erkennbar künstlichen (etwa: märchenhaften) Vorgang, der übertragen werden soll, durch vergleichende Anwendung. Das Modellspiel dagegen setzt direkt Materialien der gesellschaftlichen Realität in Bewegung, in Spielabläufen. Dazu beschränkt es sich jeweils auf eine (mehr oder weniger strenge) Auswahl von Informationen. Beispielsweise bringt es keine Hinweise auf Zeit und Ort. Damit werden die Aktionsabläufe, die dargestellten Vorgänge von Materialbelastungen befreit: wieviel Material muß transportiert werden, wenn ein gesellschaftlicher Vorgang in einer historisch fixierten Situation demonstriert werden soll? Das Modellspiel löst sich aus diesem Verweisungsnetz, aus diesem Koordinatensystem. Indem es sich als Modell zu erkennen gibt, zeigt es an, daß hier Realität nicht imitiert wird; es rückt ab in kritische Distanz zur meist komplexeren Realität.

1.

Präparation eines Opfers wurde 1967 geschrieben und 1968 erstgesendet in einer Produktion des Westdeutschen Rundfunks mit dem Hessischen Rundfunk. Als Bühnenstück wurde *Präparation eines Opfers* 1971 in Frankfurt uraufgeführt; seither verschiedene Inszenierungen, eine Fernsehaufzeichnung.

Was Entwurf und Ausführung dieses Dialogs auslöste, war eine Dokumentation in einem Buch, das Günther Weisenborn herausgegeben hat: *Der lautlose Aufstand*. Hier sind auf 20 Seiten die Akten zum Fall Lehmann abgedruckt.

Am 24. November 1942 wird ein Ermittlungsverfahren gegen den Rentner Wilhelm Lehmann eingeleitet, »wegen Vorbereitung zum Hochverrat«.

Ein Buchdrucker hatte in der Bedürfnisanstalt am Mariannenplatz in Berlin wiederholt folgende Wandanschrift entdeckt: »Hitler, Du Massenmörder, mußt ermordet werden, dann ist der Krieg zu Ende.« Die Anschrift war jeweils wieder entfernt worden. Am 28. Oktober, gegen 17 Uhr beobachtete der Buchdrucker, wie Lehmann mit Blauschrift etwas an die Wand schrieb. Er wartete ab, bis die Wörter »Hitler, Du Massenmörder« zu lesen waren, und nahm Lehmann fest.

Im ersten Bericht an den »Oberreichsanwalt beim Volksgerichtshof« werden folgende Angaben zur Person gemacht: »verheiratet, evangelisch, angeblich nicht bestraft«. Zur Tat heißt es: »Der Beschuldigte gibt zu, wiederholt derartige hetzerische Anschriften in der Bedürfnisanstalt angebracht zu haben. Er will aus Verärgerung über seine schlechte wirtschaftliche Lage gehandelt haben. Nach seinen Angaben erhält er zwei Renten im Gesamtbetrage von nur 78,80 RM monatlich und muß monatlich 34,05 RM Miete bezahlen. Wenn auch der bereits 73jährige Beschuldigte in politischer Hinsicht sonst noch nicht nachteilig in Erscheinung getreten ist, so läßt sich doch der Verdacht eines Verbrechens nach den §§ 80 ff. StGB nicht von der Hand weisen.« Es wird nun ein Gesetz angegeben, dessen Titel die damalige Rechtslage signalisiert: das »Gesetz zur Änderung des Strafrechts und des Strafverfahrens«.

Kriminalpolizeiliche Erkundungen werden eingeleitet. Haben Lehmann und seine Frau im Monat tatsächlich nur 78,80 RM Rente bezogen? »Hat er daneben nicht Unterstützungen von seinen Kindern, von behördlichen Stellen oder von den Hilfsorganisationen der NSDAP z. B. WHW erhalten? Hat er Einkünfte aus Untervermietung oder durch Gelegenheitsarbeiten gehabt?« Staatsanwalt Scherf wünscht »tunlichst schleunige Erledigung«. Es wird betont: »Die Sache ist als Geheimsache zu führen.«

Daß die Ergebnisse der Ermittlungen bedeutungslos sein werden für das Verfahren, zeigt ein Aktenvermerk des Staatsanwalts: »Am 22. Januar 1943 ruft der ›Leiter der Hauptstelle Rechtsbetreuung im Gaustabsamt der Gauleitung Berlin‹, Herr Wagner, an und teilt mit, trotz des Alters des Beschuldigten sei es im Hinblick auf die Schwere des Angriffs, den der Besch. gegen den Führer gerichtet habe, der Wunsch des Gauleiters von Berlin, daß Lehmann hingerichtet werde.« Folgsam wird dieser Wunsch dem Oberreichsanwalt vorgetragen, und der entscheidet: »Die Sache soll möglichst schnell mit dem Ziele der Erwirkung eines Todesurteils (. . .) angeklagt werden.« Sogleich meldet man dies der Hauptstelle Rechtsbetreuung im Gaustabsamt der Gauleitung; dort ist man »mit der alsbaldigen Anklageerhebung sehr einverstanden«. Fernmündlich wird auch der zuständige Amtsrat des 1. Senats darauf aufmerksam gemacht, »daß an der vorl. Sache der Gauleiter von Berlin interessiert sei«. Der Amtsrat will den Gauleiter informieren.

Die Ermittlungen der Kriminalpolizei bringen folgende Ergebnisse: »Lehmann, Wilhelm, geb. am 13. 1. 69 in Klein-Rietz, ist in Berlin SO 36, Pücklerstr. 44, mit seiner Ehefrau wohnhaft und polizeilich gemeldet. Die Wohnung besteht aus Stube, Küche und Korridor, wofür er 34,05 RM Miete zahlt. Untermieter hat L. nie gehabt. Seine monatliche Rente beträgt für sich und für seine Ehefrau zusammen 78,80 RM. L. hat selber keinen Nebenverdienst gehabt, da er arbeitsunfähig ist. Dagegen hat seine Ehefrau wöchentlich etwa 4-5 RM durch Aufwartung dazuverdient. Außerdem bezog L. vom WHW in den Wintermonaten laufend 15-18 RM. Von anderen Stellen, insbesondere von seinen Kindern, ist L. nicht unterstützt worden.

L. lebte im Hause zurückgezogen. Politisch abfällige Äußerungen will man im Hause von ihm nicht gehört haben. Eine bestimmte Zeitung wurde von ihm nicht gelesen, ebenso wurde bei besonderen Anlässen nicht geflaggt. Seine Ehefrau hat sich jedoch an Spenden pp. trotz ihres geringen Einkommens beteiligt, was allgemein anerkannt wird. Verschuldet ist die Familie L. nicht.«

Am 25. Januar liegt (mit dem Vermerk »Geheim!«) die Anklageschrift vor. Der Oberreichsanwalt beim Volksgerichtshof klagt Wilhelm Lehmann an, »von Sommer bis Ende Oktober 1942 in Berlin durch dieselbe fortgesetzte Handlung

1. dazu aufgefordert zu haben, den Führer zu töten,
2. das hochverräterische Unternehmen, mit Gewalt die Verfassung des Reiches zu ändern, vorbereitet zu haben, wobei die Tat auf Beeinflussung der Massen durch Herstellung von Schriften gerichtet war,
3. es unternommen zu haben, während eines Krieges gegen das Reich, der feindlichen Macht Vorschub zu leisten und der Kriegsmacht des Reichs einen Nachteil zuzufügen.«

Es folgen Gesetzesverweise.

Als »wesentliches Ergebnis der Ermittlungen« wird angegeben:

»Der Angeschuldigte war nach dem Besuch der Volksschule bis zu seinem 20. Lebensjahr Landarbeiter. Danach leistete er seinen Wehrdienst ab und war sodann in verschiedenen Betrieben in Berlin als Arbeiter tätig. Seit dem Jahre 1931 bezieht er eine Invalidenrente, die nach seiner Behauptung im Monat 57,30 RM beträgt, während seine Ehefrau eine monatliche Rente in Höhe von 21,50 RM erhält. Wie der Angeschuldigte unwiderlegt angegeben hat, war er niemals politisch oder gewerkschaftlich organisiert. Vor dem Umbruch gab er bei den Wahlen seine Stimme der SPD.

Der Angeschuldigte ist mit den politischen, sozialen und wirtschaftlichen Verhältnissen im nationalsozialistischen Deutschland nicht zufrieden. Seine Unzufriedenheit hat er vor allem damit begründet, daß die Lebenshaltung, insbesondere im Kriege, zu teuer geworden sei und er für seine Rente früher mehr habe kaufen können. Über die politische und wirtschaftliche Lage hat er sich auf Spaziergängen häufig mit ihm nicht näher bekannten Personen unterhalten, die sich gleich ihm über die Verhältnisse im Reich abträglich geäußert haben sollen. In diesen Gesprächen ist, wie der Angeschuldigte weiter angegeben hat, die Behauptung aufgestellt worden, der Führer trage die Schuld an dem gegenwärtigen Krieg, den dadurch verursachten Opfern und an den derzeitigen Beschränkungen der Lebenshaltung. Der Angeschuldigte teilte diese Meinung. Er wollte daher eine Änderung der politischen und wirtschaftlichen Zustände in Deutschland und dadurch eine alsbaldige Beendigung des Krieges um jeden Preis sowie schließlich auch eine Verbesserung seiner persönlichen Lage herbeiführen. Um diese Ziele zu erreichen, erstrebte er die Beseitigung des Führers, der ihm als der vermeintliche Feind der ärmeren Bevölkerung und als der nach seiner Ansicht für den Ausbruch des Krieges Verantwortliche verhaßt war.

Da sich der Angeschuldigte nicht selbst in der Lage fühlte, den Führer zu töten, beschloß er, die Allgemeinheit dazu aufzufordern und ihr zugleich bekanntzugeben, aus welchen Gründen seiner Meinung nach die Beseitigung des Führers geboten sei.«

Und es folgt ein Bericht über den Tathergang, über Lehmanns Eingeständnis des äußeren Sachverhalts. »Es sei jedoch nicht sein Wille gewesen, das Volk aufzuwühlen, es gegen die Regierung zu hetzen und zu einem Gewaltakt gegen den Führer aufzufordern. Er habe sich aber gedacht, ›wenn der Führer nicht mehr dasei, würde es anders‹.«

Die Frage, warum Lehmann wiederholt das Wort »Massenmörder« schrieb, wird bei den Ermittlungen offenbar nicht gestellt, oder sie wird aus den Berichten ausgeklammert. Wird ein Nebenmotiv (die wirtschaftlichen Verhältnisse des Rentnerpaares) in den Vordergrund gestellt? Ist hier ein Ansatz zur Umdeutung seiner Tat?

Erst am 23. Februar trifft die Gutachtliche Äußerung des Regierungsmedizinalrats ein. »Es handelt sich um einen im 75. Lebensjahre stehenden Greis mit einem alten Hüftgelenksleiden links, stärkerer Arteriosklerose und Blutdruckerhöhung. Psychisch erscheint er noch leidlich komponiert, gröbere Ausfälle des Intellekts und des Gedächtnisses sind nicht nachweisbar. Indessen wird man auch die schon normalerweise im Greisenalter eigentümliche egozentrische Einstellung und die Unfähigkeit, sich neuen Verhältnissen anzupassen, berücksichtigen müssen. Unter diesen Umständen möchte ich die Voraussetzungen des § 51 Abs. II StGB für gegeben halten. § 51 I StGB kommt nicht in Frage.« Also: verminderte Zurechnungsfähigkeit.

Diesen Hinweis nimmt man im Volksgerichtshof nicht auf. Zu den Richtern gehört ein SS-Brigadeführer, ein SA-Brigadeführer und ein NSKK-Obergruppenführer. Wie vom Gauleiter gewünscht, wird Lehmann zum Tode verurteilt. In der Urteilsbegründung heißt es unter anderem, Lehmann habe den Entschluß gefaßt, »ein jähes Ende des Krieges dadurch herbeizuführen, daß er durch Verbreiten einer von ihm erdachten Parole die Allgemeinheit gegen den Führer aufhetzte und zu dessen Tötung aufforderte. Zu diesem Zweck schrieb er erstmalig Ende August/Anfang September 1942 an die Wand im Innern der am Mariannenplatz in Berlin SO gelegenen öffentlichen Bedürfnisanstalt für Männer, die nicht weit von seiner Wohnung entfernt liegt, die Worte: ›Hitler, Du Massenmörder, mußt ermordet werden, dann ist der Krieg zu Ende.‹ Da er diese Mordaufforderung mit Blaustift gut leserlich schrieb, konnte sie von allen die Bedürfnisanstalt Aufsuchenden, in der betreffenden Gegend überwiegend aus Handarbeitern bestehenden Volksgenossen – darunter von dem Buchdrucker R. – wahrgenommen werden. Bis zum Oktober 1942 nahm der Angeklagte ein zweites und drittes Mal die Fertigung der Schrift an derselben Stelle in der gleichen Weise vor«.

Lehmann sei auf Grund dieser »Mordaufforderung« schuldig der Vorbereitung des Hochverrats und der Feindbegünstigung:

»Nach § 73 StGB war die Strafe aus § 91 StGB als dem schwersten zur Anwendung kommenden Strafgesetz zu entnehmen. Der Angeklagte hat sich im vierten Kriegsjahr im schwersten Ringen des deutschen Volkes um seine Freiheit auf die Seite des Feindes gestellt ... Er ist todeswürdig. Gegenüber dem Schutze von Führer, Volk und Reich können für den Angeklagten persönliche Umstände, wie bisherige straffreie Führung und die bei seinem hohen Alter von dem medizinischen Sachverständigen und dem Senat für möglich erachtete verminderte Zurechnungsfähigkeit (§ 51 Abs. 2 StGB) strafmildernd nicht berücksichtigt werden. Der Volksgerichtshof hat daher gegen den Angeklagten die Todesstrafe ausgesprochen, eine Strafe, die bei der Ruchlosigkeit der Tat allein auch dem deutschen Volksempfinden Rechnung trägt.«

In einem Bericht an den Reichsminister der Justiz, zu Händen von »Herrn Oberregierungsrat U. o. V. i. A.« stellt der Staatsanwalt fest: »Eine einen Gnadenbeweis befürwortende Äußerung ist mir nicht zugegangen.« Abschließend heißt es: »Die Tat des Verurteilten bedrohte die Person des Führers und gefährdete das Schicksal des deutschen Volkes so schwer, daß mir trotz der vom Gericht für möglich gehaltenen verminderten Zurechnungsfähigkeit des Verurteilten die Vollstreckung des Urteils erforderlich erscheint. Deshalb schlage ich vor, von dem Begnadigungsrecht keinen Gebrauch zu machen.«

So wird die »Vollstreckungshandlung« eingeleitet. Mit der »Vornahme der Hinrichtung« wird Scharfrichter Röttger beauftragt. Dem Leiter des anatomisch-biologischen Instituts wird (»Durch Rohrpost! Vertraulich!«) die Leiche »zu Lehr- und Forschungszwecken« angeboten. In einem Schreiben an den Leiter der Justizpressestelle beim Volksgerichtshof (»Sofort! Vertraulich! Persönlich!«) heißt es: »Auf Anweisung des Reichsministers der Justiz soll von einer Bekanntmachung der vollzogenen Vollstreckung in der Presse und durch Anschlag abgesehen werden.«

Am 10. Mai wird das Todesurteil vollstreckt. »Um 19.00 Uhr wurde der Verurteilte, die Hände auf den Rücken gefesselt, durch 2 Gefängnisbeamte vorgeführt. Der Scharfrichter Röttger aus Berlin stand mit seinen drei Gehilfen bereit (. . .) Nach der Feststellung der Personengleichheit des Vorgeführten mit dem Verurteilten beauftragte der Vollstreckungsleiter den Scharfrichter mit der Vollstreckung. Der Verurteilte, der ruhig und gefaßt war, ließ sich ohne Widerstreben auf das Fallbeilgerät legen, worauf der Scharfrichter die Enthauptung mit dem Fallbeil ausführte und sodann meldete, daß das Urteil vollstreckt sei. Die Vollstreckung dauerte von der Vorführung bis zur Vollzugsmeldung 16 Sekunden.«

Dieser Fall wird in meinem Hörspiel nicht rekonstruiert, er wird transponiert in einen modellhaften Vorgang. Dabei unterscheiden sich Hörspieldialog und dokumentierter Fall vor allem in diesem Punkt: in Berlin wurde der Rentner zum »todeswürdigen« politischen Täter zurechtgemodelt; in diesem Hörspiel verläuft der Prozeß der Beeinflussung, der Manipulation in einer ganz anderen Richtung: Kritik am Staat wird nicht anerkannt, sie erscheint dem Untersuchungsrichter als dem Vertreter des totalitären Staates unbegründet, und so wird ein anderes, unpolitisches Motiv eingeführt und dem Untersuchungsgefangenen eingeredet.

Auf Übermittlung von ideologischem Material, auf Information über historische Fakten und Faktoren wird hier verzichtet: das Hörspiel konzentriert sich auf den Vorgang der Beeinflussung, auf eine Technik der Präparation eines Bewußtseins, der »Gehirnwäsche«.

2.

Das *U-Boot-Spiel* wurde 1968 geschrieben und 1969 erstgesendet in einer Gemeinschaftsproduktion des Westdeutschen, des Hessischen und des Saarländischen Rundfunks.

Die Vorlage für dieses Spiel mit einem Modellspiel ist bekannt: das Schiffeversenken auf Rechenpapier. Als Schüler hatte ich das oft gespielt, Schüler spielen es heute weiter; hier ist ungebrochene Tradition. Technische Details, Einzelmaterialien zu diesem Spiel fand ich vor allem in Berichten von U-Boot-Fahrern des Ersten Weltkriegs.

Das Hörspiel setzt an bei anekdotisch-lustigen Darstellungen vom Krieg: ähnlich wie an Stammtischen, in Reihenheften, in kommerziellen Filmen. Das Hörspiel setzt zugleich an bei Modellspielen von Kriegshandlungen: nur, wo von Kriegsrealität abgesehen wird, ist Kriegsspiel möglich – auf Landkarten und in Sandkästen, bei kindlichen Nachahmungen von Kampfhandlungen, beim Schiffeversenken auf Rechenpapier.

Von diesen Ansätzen her wird der Spiel-Dialog immer entschiedener angenähert an Kriegsrealität. Damit wird der Konsum, der zu Beginn noch möglich war, erschwert, wird schließlich paralysiert. Zugleich wird in diesem Spiel das Modellspielen mit Krieg an einen Punkt vorangetrieben, an dem es sich letztlich aufhebt. An diesem Schlußpunkt soll ein schockartiges Umschlagen stattfinden im Bewußtsein der Hörer, eine Art von Katharsis.

Soweit, ungefähr, die Vorstellungen, die mich beim Schreiben dieses Textes leiteten. Inzwischen sind hier einige Zweifel entstanden.

Erst einmal: könnte die geplante Wirkung nicht eingeschränkt werden durch die akustische Präsentation? Die beiden Sprecher waren hier Günther Lüders und Martin Held: er vor allem brachte als spielführender Walter die »Glanz«- oder »Bravourleistung«, die das Publikum vielfach von ihm erwartet. Eine schwungvoll-mitreißende Darstellung: konnte sie nicht vorbeiführen an der Wirkung, auf die hin dieser Dialog geschrieben war?

Kurz nach der Erstsendung ein Gespräch mit einem Mann, der im vorigen Weltkrieg ein Bein verloren hatte, in Rußland – ihm machte dieses Hörspiel zuerst Spaß, kurz vor Schluß aber schaltete er das Radio aus, das Hörspiel erschien ihm nun unzumutbar.

Zuerst war ich erleichtert: hier war also die geplante Wirkung, und dies sogar bei einem Weltkriegsteilnehmer! Demnach hatte ich das Spiel hart genug an die Realität herangetrieben.

Mittlerweile frage ich mich: warum hat er ausgeschaltet? Besonders empört äußerte sich dieser Mann darüber, daß da Klöten durch die Luft flogen: offenbar darf in einem Krieg vieles durch die Luft fliegen, nur keine Klöten – eine womöglich »moralische« Reaktion? Ich hatte das nicht hinterfragt, muß mich jetzt fragen: war hier nur ein Reflex, ein sehr direktes Ausschalten, Abschalten? Oder entstand hier zum Schluß doch Einsicht in die Fragwürdigkeit, Gefährlichkeit von Kriegsspielen, die eine unerträgliche Wirklichkeit letztlich doch erträglich erscheinen lassen? Und die damit eine mögliche Wiederholung von Krieg erleichtern: weniger Widerstand im Bewußtsein potentieller Teilnehmer?

Ob die Spreng-Sätze der Schlußphasen dieses Dialogs die gewünschte Wirkung zeigten, statistisch erfaßbar, das kann ich nicht sagen; so etwas müßte in wissenschaftlichen Befragungen erkundet werden. Was mich hier inzwischen etwas zweifeln läßt: die Darstellung von Kampfhandlungen ist zum Genußmittel geworden, dabei werden die Grenzen immer weiter verschoben. Indianermassaker, farbig auf Breitwand: *Little big man.* Das Niedermähen von Wehrlosen mit einer Schnellfeuerwaffe, farbig auf Breitwand: *Leichen pflastern seinen Weg.*

Zur Motivation solcher Szenen wurde behauptet, sie würden bei den Zuschauern eine Katharsis erzeugen. Diese Motivation bei kommerziellen Filmerzeugnissen irritiert mich zumindest, denn: hatte ich nicht ähnliche Absichten? Und: muß nicht befürchtet werden, daß die Konsumfähigkeit so weit ausgedehnt wird, bis schließlich selbst die Schlußphasen dieses Hörspiels zum Genußmittel werden könnten?

Wo auch nur geringste Faszinationsmöglichkeit besteht, da setzt der kommerzielle Film ein, schlachtet sie aus, beutet sie aus. Hier wird signalisiert, worauf anzuspielen offenbar riskant ist. Und das ist vor allem: Vorführung von Gewaltanwendung, von Zerstörung. Während ich dieses Nachwort vorbereite und schreibe, laufen in den Kinos vieler Städte »violence«-Filme. Ihre kommerziell programmierte Attraktion ist vor allem das »Niedermähen«, das Niedermetzeln von Menschen: Blutbäder, in denen sich offenbar das Publikum erfrischen, an denen sich die amerikanische Filmindustrie regenerieren will. Ebenfalls erfolgreich die »Katastrophenfilme«: Erdbeben, Wirbelstürme, Überschwemmungen, Brände, Explosionen. Damit jeweils verbunden der (imposante) Einsatz modernen, technischen Geräts, von dem ebenfalls viel zerstört wird: Explosionen, Feuerbälle.

Solche Seh-Erfahrungen, solche Lese-Informationen steigern meine Zweifel an der Einwirkungsmöglichkeit dieser Arbeit. Zugleich aber bestätigen sie den Ansatz dieses Dialogs: die Faszination etwa für das Zerstören aufnehmen in das Spiel, und dieses Spiel vorantreiben zu einem Punkt, an dem diese Faszination zerstört wird. Gleichsam ein Umpolen von Attraktion in Aversion.

Mögliche Faszination durch Zerstören, Zertrümmern, In-die-Luft-Jagen. Dazu kann Faszination kommen durch technische Apparatur: bei Kriegserzählungen und Kriegsfilmen sind besonders attraktiv das Flugzeug und das U-Boot. Daß in der

Phantasie der beiden alten Männer U-Boote des Ersten Weltkriegs eingesetzt werden, keine modernen Atom-U-Boote, das könnte eine zusätzliche Faszination ausüben: ein Oldtimer-Effekt. Die noch kleineren Modelle; ihre technischen Apparaturen noch nicht so sehr kaschiert.

Um mich hier einem Test zu unterziehen, nachträglich, habe ich mir ein Fachbuch gekauft über U-Boote aus der Zeit des Ersten Weltkriegs, ein Nachdruck einer Publikation aus dem Jahre 1922: H. Techel, *Der Bau von Unterseebooten auf der Germaniawerft*. Der Kauf war spontan. Läßt diese Spontaneität Rückschlüsse zu auf eine Faszination für solches Gerät? Oder ist hier der spezielle Worthunger eines Schriftstellers: vampirisch die Fangzähne schlagen in seltenes Sprachmaterial? Aber – sind es hier nur die Wörter, die den Appetit machen? Was hier detailliert beschrieben wird, das ist eine Zerstörungsapparatur. Die neutrale und nüchterne Präsentation durch Text, technische Zeichnungen und Fotografien läßt diese Apparatur und ihre Anwendung als selbstverständlich erscheinen. »Erforderlichenfalls werden durch Nachfluten oder Lenzen der Reglertanks und durch Trimmen des Wassers von einem Trimmtank in den anderen Gewicht und Schwerpunktlage des Bootes berichtigt. Handelt es sich um einen Angriff gegen ein feindliches Schiff, so werden die Torpedos klargemacht, und es ist die Aufgabe des Kommandanten, das Boot in sichere Torpedoschußweite heranzubringen.« Kampfhandlungen erscheinen hier reduziert auf technische Abläufe, die fachgerecht benannt werden: »Um einen zweiten Torpedo in das Rohr einführen zu können, muß man den Mündungsverschluß des Torpedorohres schließen und das Torpedorohr in den Torpedoausgleichtank entwässern; der zweite Torpedo wird eingeführt und aus dem Torpedotank wieder Umhüllungswasser zugefügt. Dann kann der Mündungsverschluß wieder geöffnet und der zweite Schuß abgegeben werden.« Den Wörtern nachgehend, die dieser Text reiht, rückt man ab von Grundsatzfragen: »Flutklappen, deren Bedienung durch Handkurbeln in möglichster Nähe der Flutöffnungen angeordnet war, Entlüftungsöffnungen mit Bedienung ebenfalls in ihrer Nähe, besondere Ausblaseleitungen mit Ausblasehahnkasten in der Zentrale.« Auf Zeichnungen etwa der Antriebsvorrichtungen von Sehrohraufzügen lassen sich weitere Wörter lokalisieren: die Fahrbühne, der Flurboden, der Bremsmagnet, der Endlagenabschalter, das Sehrohrschutzrohr, die Führungsbuchse, die Kette für Handantrieb des Hubwerks. Man wird informiert über den Gradlaufapparat, der eine hohe Schußgenauigkeit des Torpedos gewährleistet. Man lernt unterscheiden zwischen Ausstoßrohr und Abgangsrohr: »Der Torpedo wird auf U-Booten entweder aus Ausstoßrohren mittels Preßluft abgeschossen oder man wendet sogenannte Abgangsrohre an, aus denen er sich im wesentlichen durch den Schub der Propeller herausarbeitet, nachdem ihm z. B. mit Hilfe eines Preßluftkolbens ein kleiner Anstoß gegeben worden ist, der ausreicht, den Abzugshaken zurückzuziehen und damit seine Antriebsmaschine zum Anlaufen zu bringen.« Und wie werden Torpedos in das U-Boot verladen? »Der Torpedo wird mittels eines Kranes, der leicht auseinandernehmbar ist und dessen einzelne Teile im Aufbaudeck untergebracht werden, gehoben und in die Einführmulde *a* gelegt, nachdem vorher der Kopf abgenommen worden ist. Mit Hilfe eines Flaschenzuges wird er auf der Gleitschiene *b* abgesenkt und mit Transportbändern *c* versehen, die mit Rollen *d* ausgestattet sind, so daß er schließlich im Innern des Bootes an der Einführungsschiene hängt.«

Alles technisch-nüchterne Darstellungen von Vorgängen, die nur ein Ziel haben: das Zerstören von Schiffsmaterial, das Liquidieren von Schiffsbesatzungen. Die technischen Aufriß-, Querschnitt- und Längsschnittzeichnungen, die sich zum Teil sogar ausklappen lassen, die genau lokalisierten und koordinierten Fachbezeichnungen – dies alles grenzt ab, schließt aus: etwa Gedanken an Auswirkungen auf Opfer. Die technisch-nüchterne Beschäftigung mit solchen technisch-nüchternen Darstellungen – zeigt sie nicht schon so etwas wie Einverständnis?

Und diesen Text lese ich freiwillig. Natürlich, da ist Spaß an Wörtern, wie sie mir sonst nicht begegnen: der Hahnkasten, das Unterwasserschutzmittel, und bei U-Boot-Geschützen muß »die Seele durch Mundpfropfen und Verschlußliderung druckwasserdicht abgeschlossen« werden. Aber solche Funde sind eher Nebenergebnisse der Lektüre, bei der doch wohl das Interesse am Aufbau und am Funktionieren dieser Maschinerie vorherrscht. Ist in diesem Interesse nicht schon Faszination? Zeigt diese Faszination nicht bereits eine Anfälligkeit? Und: muß ich die Möglichkeit einer ähnlichen Faszination nicht voraussetzen bei Hörern und nun auch bei Lesern des *U-Boot-Spiels?*

Ein anderer Punkt: dieses Spiel soll Identifikationsmöglichkeiten anbieten; sie sind Voraussetzung der erhofften Auswirkungen im Bewußtsein der Hörer, der Mitspieler. Wird zu diesem Zweck nun nicht ein Darstellungsmuster reproduziert, das sehr kritisch zu beurteilen ist: die Verengung von Krieg auf Duellsituationen, sei es auf See, sei es in der Luft? Wird durch Darstellung solcher Duelle Krieg nicht attraktiv gemacht? Und damit kommerziell nutzbar?

Auch hier wieder: ich muß bei solch einer Attraktion oder Faszination ansetzen, muß sie in den Text aufnehmen, wenn ich sie durch den Textablauf schließlich zerstören will. Das sage ich mir wiederholt; trotzdem bleiben Bedenken.

Ich versuche, mir Darstellungsweisen zu vergegenwärtigen, die kaum noch Ansatzpunkte bieten zu Identifikationsmöglichkeiten mit herausgehobenen Einzelkämpfern, seien es Piloten, seien es U-Boot-Kommandanten. Ist es nicht beispielsweise notwendig, statt der Einzelkämpfer den Materialeinsatz vorzuführen, der den Ersten und den Zweiten Weltkrieg entschieden hat, der bei einem erneuten Weltkrieg auch wieder entscheidend würde?

Dieses Spiel mit einem Modellspiel vom Krieg ist geschrieben für potentielle Opfer der größten Vernichtungsmaschinerie, die es bisher gegeben hat, und die wächst unablässig weiter: nach dem Overkill bereits der Superkill. Welche Vorbereitungen hier getroffen sind, welches Potential hier bereitliegt, das wurde schockartig bewußt vor allem bei der Kubakrise. Indem ich einige Angaben zusammenstelle, die damals, 1962, weithin bekannt waren – könnte ich dadurch nicht die Attraktion des Einzelkämpfers neutralisieren oder annullieren?

Was man damals beim Hören und Lesen der alarmierenden Nachrichten im Kopf hatte, war etwa dies: daß es mittlerweile Bomben gab mit Todeszonen bis zu 800 Kilometern. Daß insgesamt mehr Vernichtungspotential vorhanden war als notwendig zur Vernichtung der gesamten Menschheit: die overkill capacity. Daß dennoch Fachleuten das Undenkbare denkbar erschien: ein Krieg müsse keineswegs zum Atomkrieg führen, ein Atomkrieg bedeute keineswegs den Untergang der Menschheit, viele Möglichkeiten zwischen der vereinfachenden Alternative Alles oder Nichts, Apokalypse und Frieden. Zugleich das Stichwort: overkill capacity. Zugleich das Stichwort Eskalation. Der militärische Chefberater und Vorsitzende der Vereinigten Stabschefs, Maxwell D. Taylor: die Wahrscheinlichkeit, daß ein allgemeiner Krieg infolge von Fehlern und Fehleinschätzungen ausbrechen könne, nehme ständig zu; eine immer höhere mathematische Wahrscheinlichkeit zerstörerischer »Unfälle«, die fälschlich als aggressive Handlungen ausgelegt werden könnten. Overkill capacity. »Am ersten Tag eines Krieges verbrennt die Bundesrepublik«: Chruschtschow. Overkill capacity. In Fort Detrick Infektionsepidemien vorbereitet für die biologische Kriegführung; mit Artilleriegeschossen, Bomben und Raketen werden Krankheitserreger an die gewünschten Ziele gebracht, durch Aerosol-Tröpfchen verbreitet: Pest, Milzbrand, Dattel- oder Dandyfieber, Papageienkrankheit, schwarze Pocken, Zeckenfleckfieber, Botulismus. Overkill capacity. »Es ist heute jedem, der dazu entschlossen ist, möglich, die Menschheit zu vernichten.« Overkill capacity. »Durch völlige Einstellung westlicher Strategie auf nukleare Waffen hat sich der Westen von vornherein die Möglichkeit versperrt, im Falle ernster Konflikte anders als atomar handeln zu können.« Overkill capacity. »Unglücklicherweise ist der Planet zu klein und sind die Bomben zu groß.« Overkill capacity.

Bei solchen Vernichtungsmöglichkeiten nun das Anlaufen der Kriegsmaschinerie: 800 Kilometer vor Kuba die Blockadekette, ein Halbkreis von 19 Schiffen; 13 Zerstörer in der vordersten Linie, von zwei Kreuzern gedeckt, das Flaggschiff Newport News und der Raketenkreuzer Canberra, beide wiederum durch Zerstörer abgeschirmt. Dazu als Verstärkung: Flugzeugträger Wasp und fünf Begleitzerstörer. Munition hochtransportiert zu den Geschützen. Unterseeboote liefen aus in Holy Loch, in Key West, in New London.

Die 19. Gruppe des taktischen Luftkommandos wurde auf den Flugzeugstützpunkt Homestead in Florida verlegt. Es landeten F-105 Sabres, F-105 Thunderchiefs, F-101 Jäger und RF-101 Voodoos: insgesamt an die 1000 Kampfflugzeuge.

Allein die konventionelle Feuerkraft so groß wie bei der Invasion der Normandie. Mit Eisenbahnzügen wurden 52-Tonnen-Patton-Panzer in den Süden transportiert, Haubitzen auf Selbstfahrlafetten, gepanzerte Mannschaftswagen, Honest-John-Raketen, Raketen-Abschußrampen. Truppeneinheiten wurden durch Luftwaffentransporter und gecharterte Maschinen privater Luftfahrtgesellschaften eingeflogen; etwa 100 000 Mann standen bereit für eine Invasion auf Kuba. Auf mehr als 80 Bomberbasen in Nordamerika, auf Guam, in England, Spanien, Marokko und der Bundesrepublik alle Maschinen betankt. Die Bombenklappen geschlossen: Atombomben an Bord. Scharfschützen als Wachen, motorisierte Patrouillen. Das Strategische Bomberkommando in Defcon 2, letzte Stufe der Alarmbereitschaft vor defense condition 1: Krieg, Weltkrieg.

Wird durch den Präsidenten Defcon 1 befohlen, so müssen im war-room des Pentagon zwei Offiziere Schlüssel mit Plastikschildchen vom Hals nehmen, in getrennte Schlösser eines roten Kastens stecken, ihn öffnen und allen Luftstreitkräften den Befehl geben: Go to war! Es kreisten zu dieser Zeit 90 B-52 Bomber in der Luft, beladen mit 25- bis 50-Megatonnen-Bomben, es standen alarmbereit 550 weitere B-52, 800 leichtere B-42 und 70-B-58. Es waren abschußbereit 120 Atlas-, 54 Titan- und 12 Minuteman-Raketen; acht Polaris-U-Boote unterwegs mit 128 Raketen; in England, Italien, der Türkei 105 Thor- und Jupiter-Mittelstreckenraketen. In Rußland mindestens 75 interkontinentale Raketen, eine unbekannte Zahl von Mittelstreckenraketen vom Typ Golem auf Unterseebooten. Ein Vernichtungspotential, das etwa fünfzig Milliarden Tonnen TNT-Sprengstoff entsprach. Defcon 2.

Ein Modellspiel, das solch ein Potential bewußtmacht, würde das nicht gefährliche Nebeneffekte von Kriegsdarstellungen aufheben? Oder könnte solche Reihung von Typenangaben und Zahlen nicht auch wieder einen gefährlichen Nebeneffekt entstehen lassen: Faszination am Funktionieren einer riesigen Maschinerie? Wäre hier eine mögliche Gefahr nicht ausgetauscht gegen eine andere mögliche Gefahr?

Zu fragen ist also: wie kann bei Darstellungen von Kampfhandlungen, von Krieg die Möglichkeit der Faszination vermieden werden – etwa als Faszination für Duellsituationen, als Faszination für Kampfgeräte, für Materialmassen, als Faszination für Zerstörung?

Faszination läßt sich hier wohl nur vermeiden, wenn verzichtet wird auf Darstellungen der Anwendung von Kampfgeräten, der Aktionen von Kämpfern, wenn statt dessen Auswirkungen auf die Opfer gezeigt werden.

Ein Film, der hier konsequent ist: *The War Game* von Peter Watkins, 1965 in England produziert, in Zusammenarbeit mit der BBC, die den Film aber nicht sendete, weil man eine Panik befürchtete. Dieser Film fand in der Bundesrepublik keinen Verleih, wird nur von öffentlichen Institutionen verliehen, etwa von der Landeszentrale für politische Bildung, und auch das nur mit warnendem Vorbehalt.

In der ersten Phase zeigt *Das Kriegsspiel*, wie Städte in der Nähe militärischer Ziele evakuiert werden, wie etwa in der Grafschaft Kent jedes Einfamilienhaus zehn Evakuierte aufnehmen muß, darunter auch Farbige, was schon zu Konflikten führt; der Einsatz von Polizei und Feuerwehr ist nötig, Türen müssen aufgebrochen werden, Verhaftungen werden vorgenommen. Informationsschriften werden verteilt, kostenlos, nachdem sie vorher (umgerechnet) 5 Mark gekostet haben. Allgemeine Ratlosigkeit: man hat zwar schon was von Zivilschutz gehört, wie aber sollen die Vorschläge und Anregungen realisiert werden? Was kosten allein die Sandsäcke, und woher plötzlich all diese Sandsäcke bekommen? Beziehungen zu Baustoff-Firmen sind jetzt günstig, scheinen günstig: was aber können ein paar aufgestapelte Sandsäcke verhindern? Man ist auf den Einsatz von Nuklearwaffen nicht vorbereitet.

Zweite Phase des Films: nukleare Raketensprengköpfe explodieren über militärischen Zielpunkten. Was im Kern der Vernichtungszone geschieht, wird nicht sichtbar gemacht, kann nicht simuliert werden. Der Film zeigt Auswirkungen zehn oder sechzig Kilometer weiter: Details mit rasch bewegter Handkamera, auf hartem Filmmaterial, dabei zum Teil Unschärfen. Feuerwehrmänner, die vom Feuersturm umgerissen werden; Männer, Frauen, Kinder, die an hochgradigen Verbrennungen krepieren, in der rasch eintretenden Sauerstoffarmut ersticken. Immer wieder Verbrennungen: Gesichter schwärig aufgeplatzt, Glieder schwarzlappig. Das quetscht dem Zuschauer die Luft ab.

Dritte Phase: 48 Stunden nach dem Kernwaffeneinsatz versucht man, Verwundete zu behandeln, Leichen zu bergen. Opfern mit Verbrennungen dritten Grades kann nicht mehr geholfen werden; in einem beschädigten Krankenhaus werden sie in einem Nebenraum abgelagert, auf den Bürgersteigen erhalten sie von Polizisten den »Gnadenschuß«. Lastwagen mit Leichen, sie werden auf Eisenrosten verbrannt. Ein Eimer mit Eheringen, zu Identifikationen. Schocks werden sichtbar gemacht: motorische Zuckungen, unartikulierte Laute in mechanischer Wiederholung. Polizisten, die zusammenbrechen; Befehlsverweigerer werden erschossen.

Vierte Phase: einige Wochen nach der Katastrophe. Wer verschont schien, beginnt nun an den Folgen des unsichtbaren Fallout zu leiden – Blutkrankheiten; Menschen, die verdorren, weil die Körper keine Flüssigkeit mehr verarbeiten. Zusammenbruch des medizinischen Versorgungssystems. Kaum noch Trinkwasser. Zuwenig Lebensmittel. Plünderungen, Schlägereien. Schießereien mit der Polizei, die als Ordnungsmacht ziemlich gut ernährt wird. Epidemien, Seuchen. Vielfach totale Apathie. Opfer versuchen, ihre Erlebnisse zu beschreiben, ihre Sprache reicht nicht aus.

3.

Sprachregelung, 1970/71 geschrieben, wurde 1972 vom Bayerischen Rundfunk erstgesendet.

Dieses Hörspiel hat eine Vorform: *Reduktionen*, abgedruckt im WDR-Hörspielbuch 1963; Nachdruck einer gekürzten Fassung in einem Hörspiel-Textbuch für Schulen.

In diesem Hörspiel wurde modellhaft vorgeführt, wie in einem totalitären Staat Sprache reduziert wird: erst wird der Wortbestand verkleinert, dann wird in pauschalen Maßnahmen der Silbenbestand der Wörter eingeschränkt, schließlich bleibt nur noch das einsilbige Ja.

Verglichen mit der Realität der Sprachregelung etwa im Dritten Reich erschien mir mit wachsendem Zeitabstand dieser Modellablauf zu simpel. Ich sammelte weitere Informationen zur Technik der Sprachregelung – der »schlagend« vereinfachte Vorgang differenzierte sich. Zum einen bestätigte sich, daß in einem totalitären Staat Wörter verfemt, liquidiert werden; andererseits zeigte sich, daß zugleich Wörter hervorgehoben und gefeiert werden. Dies war der Ansatz für das neue Hörspiel, das konsequent einen anderen Titel erhielt.

Unter den Hörspielen dieses Bandes erweist sich *Sprachregelung* am deutlichsten als Modell. Wobei sich an der Wortauswahl der sprachregelnden Maßnahmen, an ihrer Motivierung und Kommentierung zeigt, daß hier Sprachregelung in einem faschistischen Staat dargestellt wird. Das wird bestätigt durch die spezifische Ablehnung von Kritik und Analyse, durch das Betonen des Emotionalen und Irrationalen. In – teilweise veränderter Form – verwendete ich in diesem Hörspieltext denn auch Zitate aus Sprachregelungs-Maßnahmen des Dritten Reichs.

Warum habe ich da nicht gleich die Sprachregelung des Dritten Reichs rekonstruiert, in einem Spielablauf? Solch eine Rekonstruktion hätte es notwendig gemacht, eine Fülle zeitgeschichtlicher Informationen einzubeziehen, etwa über Funktionen des Propagandaministeriums und seines Leiters, über seine Abhängigkeit wiederum von Hitler, dessen Machtübernahme und Machtausübung wiederum ermöglicht wurden von einer Vielzahl politischer und wirtschaftlicher Faktoren. Solche Informationen hätten den Spielablauf überfrachtet. Andererseits wäre dann die Rezeption zu leicht geworden: der Vorgang als »bloß« historisch. Dargestellt wurde er aber auch als – latente – Möglichkeit.

Das Wort »latent« muß hier betont werden: das Modell läßt sich nicht auf die Bundesrepublik dieser Jahre übertragen; es gibt hier (noch) keine zentral gesteuerte Sprachregelung. Dafür aber vielfältige Methoden der Einübung in eine Sprache der Anpassung.

Dies zeigt beispielsweise das Buch *Schreib Training* von Klaus Birkenhauer, 1972 in der Deutschen Verlags-Anstalt veröffentlicht.

Hier geht es klar und kraß um das »wirksame« Schreiben, das auf dem Buchumschlag angepriesen wird. Gleich in der (kurzen) Einleitung wird der Nutzeffekt angezeigt: man verliere hier keine Zeit »mit Dingen, die nicht unmittelbar etwas nützen«. So erhält der Leser Tips, wie er private und geschäftliche Briefe schreibt, wie er Reden hält, und so fort – alles unter dem Aspekt der »überlegenen, höheren Wirksamkeit«. Diese Wirksamkeit als die Fähigkeit, »Hörer oder Leser zu gewinnen und bei der Stange zu halten«. Dabei wird zugegeben: »Wenn Sie wirksam schreiben wollen, können Sie es gar nicht vermeiden, die typischen Mittel der Manipulation zu gebrauchen; also mit naheliegenden Alltags-Wörtern um Vertrauen zu werben, durch einfache Sätze die Verständigung zu erleichtern, bewährte Köder auszuwerfen und so weiter.«

Zwei Methoden sind damit schon angedeutet: Vereinfachung der Syntax, Auswahl der Wörter. Beides soll – nach Birkenhauer – der Kommunikation dienen; sie soll um jeden Preis erleichtert, damit scheinbar gefördert werden.

Nun gibt es zum Beispiel Sprachbarrieren, die eine Verständigung zwischen verschiedenen Sozial- und Bildungsschichten erschweren. Diese Barrieren muß man nach dem Vorschlag des Autors »unterwandern«, und zwar durch Vereinfachung, durch Reduzierung der Sprache.

Eine der Techniken ist dabei das »Strecken«: »Rezept: was zu dick ist, wird gestreckt.« Als zu dick gelten Wörter mit mehr als zwei Silben, die soll man durch kurze Aussagen ersetzen. Ein Wort wie »Erinnerung« hat schon 100 Prozent Silbenbestand zuviel, das sollte man ersetzen durch die Aussage: »Ich weiß noch.« Auch das »Erlebnis« ist 50 Prozent zu lang, das sollte ersetzt werden durch ein »Ich war dabei.«

Zur Einübung in diese Reduzierungstechnik bietet der Autor mancherlei Hilfestellung an. Beispielsweise wird ein Katalog abgedruckt von tausend Wörtern: »Und nun übersetzen Sie bitte Ihr Thema, also Ihre persönliche Sicht des Problems in die Sprache der tausend Wörter.«

Das ist natürlich schwierig in dieser Welt komplexer Zusammenhänge, wachsender Spezialisierung, aber der Autor weiß Rat: »Verkleinern Sie Ihren Wortschatz.« Wer viel mehr als tausend Wörter benutzt, nimmt »keine Rücksicht auf seine Hörer oder Leser«. Also muß man seinen aktiven Wortschatz »planmäßig verkleinern«.

Schon an diesen wenigen Hinweisen zeigt sich: die vereinfachte und verkürzte Sprache soll anpassen an ein möglichst reibungsloses Funktionieren. Wer diese »Sprache der tausend Wörter« spricht und schreibt, der verliert seine Kritikfähigkeit, der ist kaum noch ein Unsicherheitsfaktor im technokratischen Wirtschaftssystem, das unser Gesellschaftssystem prägt.

Im Vorschlag, die Silbenzahl der Wörter zu reduzieren, besteht überraschend genaue Entsprechung zu den Silben-*Reduktionen* des Hörspiels, das neun Jahre vor diesem *Schreib Training* veröffentlicht wurde; als ironischer Vorschlag wurde diese Reduktion des Silbenstands aufgenommen in *Sprachregelung.*

Und nun noch ein zweiter Hinweis, auf die Vereinigten Staaten, in denen Entwicklungen vielfach schon unsere Zukunft anzeigen. Hier wird Sprachregelung noch bewußter durchgeführt: unerwünschte Wörter und Bezeichnungen werden von einer großen Public-Relations-Maschinerie ersetzt durch Wörter und Bezeichnungen, die Kritik einschläfern und damit Ruhe und Ordnung erhalten.

In seinem Buch *Ökonomie des Todes* bringt Richard J. Barnet einige Beispiele. So wurde das sehr umstrittene, sehr teure Projekt des Raketensystems ABM seinerzeit als »Grundstein des Friedens« gefeiert. Und Nervengase wurden und werden offiziell nur als »toxische Mittel« bezeichnet. Und es wurde und wird geschrieben von einer »Fähigkeit zur Schadensbegrenzung« beim Atomkrieg – eigentlich aber müßte man statt dessen, nach Barnet, sagen und schreiben: »Fähigkeit, einen relativ erfolgreichen atomaren Überraschungsangriff zu starten«. Und was verschleierte das bekannte »Pazifizierungsprogramm«? Das »Umsiedlungs-, Internierungs- und Bombardierungsprogramm« in Vietnam.

Von solcher Einübung in eine konforme Sprache, damit in ein konformes Bewußtsein ist nur noch ein Schritt zur zentral organisierten Sprachregelung. Solch eine Möglichkeit wird in diesem Hörspiel auf der Grundlage historischer Materialien modellhaft entworfen.

Dieses Modell soll nun ergänzt werden durch Hinweise auf Techniken und Methoden der Sprachregelung des Dritten Reichs. Vorgänge auch hier, die nicht »Modell standen« – das

Buch von Margret Boveri, über das abschließend berichtet wird, habe ich etwa ein Jahr nach der Arbeit an diesem Hörspiel kennengelernt. So wird hier also nicht ein Vorbild in Beziehung gebracht zu einer stilisierten Nachahmung, sondern: es soll ein ergänzender Ausblick ermöglicht werden. Denn nur im Vergleich mit Realität hat ein Modell seine Funktion.

Wie staatlich programmierte Sprache eindringt in das Bewußtsein der Bevölkerung, eindringt sogar in das Bewußtsein derer, die diesen Staat ablehnen, ablehnen müssen, das zeigt Victor Klemperer in seinem Bericht *LTI*: Lingua Tertii Imperii, die Sprache des Dritten Reichs. Victor Klemperer, seinerzeit Professor für Romanistik, Bruder des Dirigenten Klemperer, registrierte in seiner immer stärkeren Ghetto-Isolierung in Dresden die Sprache, die ihn umgab – und nicht allein umgab. Was er berichtet, kann hier nicht nachberichtet oder »zusammengefaßt« werden. Nur einige Beispiele sollen herausgehoben werden, um diesen weiteren, notwendigen Aspekt des Themas Sprachregelung wenigstens zu skizzieren.

Von Anfang an wurde den deutschen Juden von den nationalsozialistischen Machthabern eine Feindrolle zudiktiert, aufgezwungen. Ein Teil der Juden antwortete auf diese Feindschaft, diesen Haß, diese Gewalt mit entschiedener Ablehnung des NS-Regimes; ein anderer Teil jedoch versuchte sich dieser neuen Regierung anzupassen: man gab sein Ja ab in Volksabstimmung und Wahl.

Klemperer berichtet nun: ein Ehepaar war zum Kaffee eingeladen, der Mann sah sich offenbar gern in der »Rolle des weisen Nathan«, und der erklärte jetzt, »er habe sich ›schweren Herzens‹, genau wie der Zentralverein jüdischer Staatsbürger entschlossen, beim Plebiszit mit Ja zu stimmen, und seine Frau setzte hinzu, das Weimarer System habe sich nun einmal als unmöglich erwiesen, und man müsse sich ›auf den Boden der Tatsachen‹ stellen«. Hier verlor Klemperer, so schreibt er, die Fassung, schlug mit der Faust auf den Tisch, »und schrie dem Mann wiederholt die Frage zu, ob er die Politik dieser Regierung für verbrecherisch halte oder nicht«. Im weiteren Verlauf der Auseinandersetzung betonte die Frau dieses Besuchers, daß »der Führer eine geniale Persönlichkeit sei, deren ungemeine Wirkung man nicht leugnen und der man sich nicht entziehen könne«. Selbst, wenn diese Frau ihre Bewunderung und Anerkennung nicht so direkt formuliert hätte – allein schon, daß sie nicht von Hitler, sondern vom »Führer« sprach, signalisierte eine Unterwerfung, eine Anerkennung. Anpassung, vollzogen in der Übernahme der Sprache des neuen Regimes.

Klemperer zeigt freilich nicht allein, wie die Sprache des Gegners in das Bewußtsein jüdischer Mitbürger einsickerte, eindrang, er bringt auch Beispiele von »nichtjüdischen« Zeitgenossen. Etwa von einem Oberstudiendirektor, der sich lieber pensionieren ließ, als in die Partei einzutreten, im Sinne dieser Partei seine Schüler zu unterrichten, zu indoktrinieren. Trotz dieser klaren Entscheidung entdeckte Klemperer in einem Gespräch scheinbar kleine Zeichen für das Eindringen der LTI in das Bewußtsein auch dieses Mannes. Der berichtete von einem Neffen, der nach der Mode dieser Zeit altgermanisierende Namen trug, und zwar: Isbrand Wilderich. Klemperer erkundigte sich, wie es zu diesen Namen kam, der Oberstudiendirektor verwies auf einen namensgleichen Vorfahren seiner »Sippe«. Und Klemperer diagnostiziert: »Durch den bloßen Gebrauch des Wortes Sippe machte der Rektor, den frommer Katholizismus gegen hitlerische Verführung schützte, seine nazistische Infektion deutlich. Sippe, ein neutrales Wort der älteren Sprache für Verwandtschaft, für Familie im weiteren Sinn, danach zum Pejorativ herabsinkend, hebt sich zu feierlicher Würde, Sippenforschung wird Ehrenpflicht jedes Volksgenossen.«

Ein weiteres Beispiel: Klemperer mußte zeitweilig in einer Fabrik für Briefumschläge und Papierbeutel arbeiten. Der Chef, Mitglied der SS, war dennoch höflich zu den Juden, die seinem Betrieb zugeteilt wurden; auch die Arbeiter waren den jüdischen Kollegen gegenüber nicht unfreundlich oder feindselig eingestellt, jedenfalls nicht mehr im Winter 1943/44. Gefährlich blieb freilich ein Parteigenosse als Obmann. Trotz seiner ständigen Kontrolle tat eine ältere Frau, was verboten war: sie sprach mit dem Juden Klemperer, tarnte diese Gespräche als Dienstanweisungen, etwa zur Gummierung der Briefumschläge. Diese »bucklige Frieda« hatte nun erfahren, daß Klemperers Frau krank war; bei Arbeitsbeginn sah Klemperer auf seiner Maschine einen Apfel – für seine Frau, mit schönem Gruß. Im kurzen Gespräch dann aber diese Frage: »Der Albert sagt, Ihre Frau ist eine Deutsche. Ist sie wirklich eine Deutsche?« Und Klemperer: »Die Freude am Apfel war hin. Dieser Sancta-simplicitas-Seele, die ganz unnazistisch und ganz menschlich empfand, war das Grundelement des nazistischen Giftes eingeflossen; sie identifizierte das Deutsche mit dem magischen Begriff des Arischen; es schien ihr kaum faßlich, daß mit mir, dem Fremden, der Kreatur aus einer anderen Sparte des Tierreichs eine Deutsche verheiratet sei, sie hatte ›artfremd‹ und ›deutschblütig‹ und ›niederrassig‹ und ›nordisch‹ und ›Rassenschande‹ allzuoft gehört und nachgesprochen; sie verband sicherlich mit alledem keinen klaren Begriff – aber ihr Gefühl konnte es nicht fassen, daß meine Frau eine Deutsche sein sollte.«

Da Klemperer die Benutzung von Bibliotheken, jede wissenschaftliche Arbeit untersagt war, las er alles, was er auftreiben konnte, um die Sprache des Dritten Reichs zu studieren, von Rosenbergs *Mythos* bis zu Fachzeitschriften. Er horchte seine Umgebung ab, kontrollierte sich selbst im Sprachgebrauch. Analysierte beispielsweise das seinerzeit sehr beliebte Wort »organisieren«, ein Wort, das im Laufe der Jahre seine Bedeutung änderte: erst das Organisieren als Lenken durch Institutionen des neuen Regimes, das Organisieren von Arbeit, schließlich das »Organisieren« als Ersatzform des Kaufens. Diesem Wort stand Klemperer distanziert-analytisch gegenüber, ein Wort nicht aus seiner Sprache. »Aber wer hat gestern erst gesagt: ›Ich muß mir ein bißchen Tabak organisieren?‹ Ich fürchte, das bin ich selber gewesen.«

Ein vergleichsweise harmloses Beispiel. Bezeichnender ist da schon dieser Fall: ein Gespräch mit seiner Frau über die militärische Lage in Stalingrad, seine Frau erklärte, die deutschen Truppen würden an dieser Stadt verbluten; ihre Hoffnung damit auf eine Kriegswende, auf ein Kriegsende. Darauf Klemperer: »Du siehst eben alles durch die jüdische Brille.« Seine Frau warf ihm nun vor, er nehme jetzt schon selbst die »Judensondersprache« an. »Ich war beschämt. Als Philologe ständig bemüht, das sprachlich Besondere jeder Situation und jedes Zirkels zu beachten und selber ganz ungefärbt neutral zu sprechen, hatte nun doch meine Umgebung abgefärbt.«

Dies geschah trotz bewußter Sprachkontrolle. Daraus läßt sich schließen, wie rasch und intensiv die programmierte Sprache einwirkte auf Mitbürger, die ohne Bewußtheit, ohne ständige Selbstprüfung sprachen und schrieben: sie wurden fast bewußtlose Opfer der Sprachregelung.

Und nun wieder zu den Multiplikatoren sprachregelnder, bewußtseinssteuernder Maßnahmen, und damit ein Zeitsprung zurück an den Beginn der NS-Herrschaft.

Unter dem Titel *Wir lügen alle* berichtet Margret Boveri über die Entwicklung einer »Hauptstadtzeitung unter Hitler«. Zugleich schreibt sie in diesem umfangreichen Buch, das 1965 in Olten erschien, die Biographie des zeitweiligen Chefredakteurs dieser Zeitung, Paul Scheffer: zwei Bücher also in einem Buch.

Herausgehoben werden hier nun Abschnitte, die zeigen, wie sich zu Beginn des Dritten Reichs Journalisten verhielten, soweit sie nicht Parteigenossen oder Parteianhänger waren. Wie man sich anpaßte und wie man zugleich opponierte. Wie man gleichzeitig nickte und den Kopf schüttelte.

Das *Berliner Tageblatt*, das im Mosse-Verlag erschien, gehörte zu den bürgerlich-liberalen Blättern, die eine faschistische Diktatur nicht bejahen konnten. In einem Artikel vom 31. Januar 33 zeigte Theodor Wolff verschiedene Konsequenzen des neuen Herrschaftssystems auf, Konsequenzen auch für die eigene Arbeit: »Um die Pressefreiheit, von der die Nationalsozialisten immer so kräftig Gebrauch gemacht haben, dürfte es wohl besonders übel stehen. Eine angenehme Zukunft breitet sich vor denjenigen aus, die leider nicht in der Lage sind, so sich zu äußern, wie es dem neuen Regime gefällt. (. . .) Mag sein, daß man eine stille Gefügigkeit erzwingen, daß man in diesem Lande, das stolz war auf die Freiheit des Denkens und des Wortes, jede freimütige Regung niederhalten wird.« Man wußte also, ahnte zumindest, worauf man sich einließ, wenn man (weiter) für eine Zeitung schrieb, die von den neuen Machthabern nicht ausgeschaltet, nicht verboten wurde.

Damit entstand die Frage: gehen oder bleiben? Manchen erschien diese Frage zu dramatisch, zu grundsätzlich: sie sahen im Dritten Reich nur einen bösen Spuk, der bald wieder vorbei sein würde, und so lange mußte man eben aushalten, sich notfalls auch ducken. Andere waren nicht so optimistisch, sie sahen voraus, daß der Druck zunehmen würde. Diese Journalisten konnten der Grundsatzfrage nicht ausweichen: sollte man, konnte man weiter für das *Berliner Tageblatt* schreiben, das als bürgerlich-liberales Blatt eines »jüdischen« Verlagshauses von NS-Behörden immer schärfer überwacht, beeinflußt, bevormundet würde?

Eine Situation also für eine klare Entscheidung – wenn man es von außen her betrachtet, aus einem Zeitabstand von mehr als vier Jahrzehnten. Damals freilich, so zeigt die Lektüre dieses Buchs, gab es viele Faktoren, die eine so wünschenswerte Klarheit eintrübten, die ein grundsätzliches Ja oder Nein einschränkten, abschwächten. Da war vor allem die »Existenzfrage«. Die Verfasserin stellt fest: »Noch herrschte unverminderte Arbeitslosigkeit, und niemand stellte sich vor, daß es Hitler gelingen werde, sie zu überwinden. Mehr als dreitausend Angestellte hätten mit der Schließung des Mosse-Betriebs auf der Straße gelegen.« Also: aus sozialen Gründen die Zeitung zu erhalten versuchen?

Damit war natürlich eine politische Entscheidung gefallen. Verzichtete diese Zeitung darauf, die vorgeschriebenen Bekenntnisse zur neuen Regierung abzulegen, so wurde sie verboten wie zahlreiche andere Zeitungen auch. Wollte sie bestehen, so mußte sie die Sprache des Gegners schreiben, und zwar deutlich. So liest man denn auch beispielsweise in einem Artikel vom 13. August markige Sätze dieser Art: »Ein Talleyrand, diese Verkörperung der diplomatischen Kunst, ist ein uns wesensfremder Typ.« In diesem Satz wird Gewaltpolitik bejaht, der Verzicht auf Diplomatie, auf Verhandlung. Und dies nicht als Methode einer Gruppe von Politikern, die nun die Macht übernommen haben, sondern als Ausdruck deutschen »Wesens«. Das ist Verschleierungs-Ideologie! So wird denn auch von »jenem Tage« geschrieben, »da die deutsche Revolution wie ein Meteor auf die aus ihren Tiefen dröhnende Erde stürzte«. Kein geschichtlicher Vorgang also, der sich beeinflussen ließe, sondern etwas, das aus dem Kosmos kommt, in den unsere Wirkungsmöglichkeiten nicht hinausreichen.

Zugleich aber wurde, wenigstens zu Beginn, Kritik formuliert. *Geistige Gleichschaltung* war der Titel eines ungezeichneten Artikels, der am 13. April 33 im *Tageblatt* erschien und die Gleichschaltung im Universitätsbereich behandelte, dabei auf die Ausschließung der »deutsch-jüdischen Studenten von der akademischen Selbstverwaltung« einging. »Sollte man sich nicht vielleicht etwas mehr in die Seelen dieser jungen Menschen hineinversetzen, deren Väter und Großväter oft schon in Heidelberg oder Marburg, in Bonn oder Freiburg als gleichberechtigte cives academici studiert haben und die sich nun, mögen sie ihr Heimatland noch so glühend lieben, als Fremde, als Bürger zweiter Klasse fühlen müssen?« Solche Sätze konnten eine Zeitung die Lizenz kosten, konnten den Verfasser (der für eine Geheime Staatspolizei gewiß herauszufinden war!) in eins der neuen Konzentrationslager bringen.

Daß solch ein Verbot nicht so schnell ausgesprochen wurde wie bei den meisten Zeitungen, das hatte unter anderem diesen Grund: Goebbels wollte eine oder zwei Zeitungen erhalten, die im Ausland angesehen waren, wollte mit diesen Zeitungen durch lancierte Meldungen, durch inoffizielle Stellungnahmen Politik machen – solch einer Zeitung würde man im Ausland eher glauben als nationalsozialistischen Kampfblättern. Unter diesem Aspekt war Goebbels eine freilich nur kurze Zeit bereit, das *Berliner Tageblatt* von der Verpflichtung zu entbinden, »das Propagandamaterial der NS abzudrucken« – so Scheffer in einer späteren Notiz. Auch wenn Goebbels vielleicht an eine deutsche *Times* dachte – hier war eine Zeitung, die sich nicht völlig in den engen Rahmen der Richtlinien fügte, und so wiederholten sich Drohungen, auch durch Goebbels: »Er sagte unter anderem, daß der Judengeist noch in dem Mosse-Haus klebe. Er werde auch in Zukunft die Tendenz des Blattes genau verfolgen. Er sei jederzeit in der Lage, mit dem SA-Obergruppenführer Ernst zu sprechen und ihm einen Wink zu geben. Dann würden SA-Männer das Mosse-Haus kurz und klein schlagen.«

Man durfte also nicht zu sehr auffallen, durfte sich vor den ständig wachen Beobachtern keine Blößen geben, mußte die Erwartungen der neuen Machthaber erfüllen. Und zugleich wollte man opponieren, kritisieren. Man wollte also, wie Margret Boveri das formuliert, »gleichzeitig mitgehen und gegenwirken«, wollte »bei aller gebotenen Bejahung« doch

»Fragen aufklingen lassen, Reserven anmelden«. Dies aber selbstverständlich nicht offen, direkt, sondern versteckt, indirekt, »verhüllt«. Damit nun die Frage: wie weit, wie sehr kann man seine Kritik verstecken?

Diese Fragen wurden nun nicht in langen Diskussionen erörtert, in ausführlicher Reflexion erwogen: da war mehr Reagieren als Agieren, man lavierte und taktierte. Am Anfang stand für jeden der Mitwirkenden ein »Sündenfall«: Wörter und Sätze schreiben, die sich nicht von den Wörtern und Sätzen der neuen Machthaber unterschieden. Diese »Sündenfälle«, so betont die Autorin, ereigneten sich freilich »meist in der äußersten Hast des Getriebes, unter Zeitdruck, der oft fühlbarer war und dadurch als neutraler empfunden wurde als der Druck des Regimes. (...) Es ist heute gewiß schwer, sich vorzustellen, daß der Augenblick für einen Gewissenskonflikt oft kaum wahrgenommen wurde, weil in der Hetze des Redaktionsbetriebes der innere Protest nur ein Element unter vielen war, die sich im Bewußtsein stießen.« Und es wird hier eine wichtige Parallele gezogen: »Das sollte aber bedacht werden, wenn man unseren Soldaten heute zumutet, daß sie in dem Augenblick, in dem ein Befehl erteilt ist, auch schon über seine Rechtmäßigkeit urteilen können. Solch ein Befehlsaugenblick wird nicht gerade in einer besinnlichen Atmosphäre eintreten, sondern überraschend und neuartig sein, und es gibt dann keinen Katalog zu vermeidender Sünden, in dem man schnell nachschlagen könnte. Oft wird das, was geschehen ist, vom Handelnden erst nachträglich in seiner Bedeutung erfaßt. So haben manche nur im Wiederholungsfall vermocht, den Vorgang und ihre eigene Beteiligung einzuschätzen.«

Diese Argumentation könnte heute als Versuch erscheinen, ein Alibi zu schaffen. Aber für jemand, der damals in dieser Situation steckte, war dies offenbar eine bestimmende Erfahrung: »Im Drang der Redaktionsarbeit gab es keine Zeit, grundsätzliche Dinge dieser Art zu erörtern.« Wenn man überhaupt seine Situation, seine Haltung reflektierte, so entwickelte man beispielsweise die »Vision eines dritten Orts«: nicht ganz innerhalb der Bewegung stehen und nicht ganz außerhalb, sondern irgendwo liberal dazwischen – aber das war in der damaligen Situation wirklich nur eine Vision. Oder eher: ein Wunschtraum.

Denn was geschrieben wurde in dieser Zeitung, das war vorgeschrieben. Es mußten Richtlinien befolgt, Anweisungen ausgeführt werden. Auf den Pressekonferenzen des Reichsministeriums für Volksaufklärung und Propaganda wurde bestimmt, was publiziert wurde und in welcher Form das zu geschehen hatte. In der Dokumentation dieses Buchs sind mehrere Seiten der »Ausrichtungen« abgedruckt, soweit sie das *Berliner Tageblatt* betrafen. Hieraus werden nun – formelhaft – Anweisungen und Zurechtweisungen herausgelöst, wie sie in jener Zeit üblich waren.

Da wird eine Bemerkung als überflüssig bezeichnet, da wird ein Aufsatz gerügt, da ist eine Tendenz unerwünscht, da wird speziell gebeten, eine Meldung nicht zu bringen, da wird es als unzulässig bezeichnet, über einen Vorgang so umfangreich zu berichten, da geht eine Auffassung völlig fehl, da mißfällt eine Überschrift, da wird der Anfang einer Berichterstattung gerügt, da muß etwas schärfer zurückgewiesen werden, da muß eine Bezeichnung endgültig vermieden werden, da muß wieder einmal mit aller Deutlichkeit gesagt werden, daß gewisse Notizen nicht ohne Rückfrage veröffentlicht werden dürfen, da sind Feststellungen und Überlegungen einer Glosse zu unterlassen, da sollen bestimmte Aufsätze unterlassen werden, da empfindet man etwas als unangebracht, da möge man etwas vorsichtig sein, da wird sehr scharf eine Wendung gerügt, da könnten Schriftleiter in größte Schwierigkeiten kommen, falls ein bestimmter Gedanke in den Zeitungen zum Ausdruck kommen sollte, da soll eine Meldung in keiner Form übernommen werden, da liegt eine Meldung hart an der Grenze des Landesverrats, da wird der Ton eines Aufsatzes als nicht sehr glücklich bezeichnet, sein Titel als nicht sehr zweckmäßig, da erscheint eine Meldung als zu groß aufgemacht, da soll man bei ausländischen Pressestimmen etwas streichen, da hat man für bestimmte Scherze kein Verständnis, da ist die Veröffentlichung eines Buchauszugs nicht gerade angenehm, da soll man sich bei einer Berichterstattung Zurückhaltung auferlegen, da wird eine Publikation aufs schärfste mißbilligt, da wird eine Bezeichnung gerügt, da wird ein Artikel als nicht erwünscht bezeichnet, da sei eine Darlegung wohl nicht besonders klug gewesen, da wird eine Meldung mißbilligt, da ist etwas abwegig, da ist etwas nicht eingehalten worden, da wird ein Aufsatz als eine Instinktlosigkeit bezeichnet, die man eigentlich ahnden müßte, da ist wieder eine Disziplinlosigkeit vorgekommen, da muß eingeschritten werden.

Wie konnte man in einer so kontrollierten, reglementierten, programmierten Zeitung noch Widerstand oder Opposition signalisieren? Margret Boveri bringt dazu verschiedene Beispiele, die nun kurz gesichtet werden sollen.

Für die Leser sollte kritische Distanz bereits ablesbar sein an der Glossenrubrik *Für und Wider* – »schon der Titel eine Herausforderung im Dritten Reich, wo es nur ›Für‹ geben sollte«. Dieser Anspruch mußte nun freilich durch die Texte dieser Sparte eingelöst werden, und dafür wird in der Dokumentation als Beleg ein Artikel von Paul Scheffer abgedruckt, der in deutlicher Form eine Aktion des Julius Streicher kritisierte.

Auf der wöchentlich erscheinenden Seite *Geschichte in Geschichten* sollte »dem falschen Heroen- und Persönlichkeitskult der Nazis« begegnet werden. Dabei auch indirekte Kritik. Beispielsweise wurde damals ein Kleopatra-Film offiziell gelobt; da im allgemeinen nur »Würdigungen« erwünscht waren, konnte man keine kritische Besprechung veröffentlichen. Statt dessen tat man dies: auf der Geschichtsseite wurde in einem Aufsatz Kleopatra so charakterisiert, daß die Darstellung der Kleopatra im Film fragwürdig erscheinen mußte.

Ein anderes Beispiel: benutzte einer der Repräsentanten der neuen Regierung ein verfemtes Wort wie »kritisch« oder »Kritik« doch einmal im positiven Sinn, so wurde er sofort bei diesem Wort genommen. »Im Sommer 1934 wurden ›die bedeutungsvollen Gedanken‹ einer Rede von Rudolf Heß auf der ersten Seite mit dem Satz angekündigt: ›Ein besonderer Teil seines Vortrags beschäftigte sich mit der Möglichkeit und Notwendigkeit kritischer Mitarbeit im Dritten Reich‹.« Am liebsten hätte man das Wort »kritisch« dabei wohl fett gedruckt, aber so etwas wagte man nun doch nicht. Man setzte hier offenbar auf Leser, in deren Bewußtsein dieses Wort sofort riesig anschwoll.

Eine andere Methode, eine Gegenposition zu signalisieren, war – nach Boveri – das Bloßstellen durch Übertreibung. Beispielsweise bei Musikbesprechungen: hier lobte man überschwänglich, was man ablehnte, und aus diesem überschwänglichen Lob sollte der Leser herauslesen, daß mit dem Lob eigentlich eine Ablehnung gemeint war. Anders formuliert: man trug besonders dick auf, dieses dick Aufgetragene sollte der Leser wieder abtragen, um das wirklich Gemeinte freizulegen.

Eine ähnliche Methode auch bei Literaturbesprechungen. Als Beispiel wird hier genannt Paul Scheffers Rezension des Robespierre-Buchs von Friedrich Sieburg. Hier fragte der Rezensent beispielsweise: »Wer schreibt so hinreißend in Deutschland?« Sollte solch ein Satz tatsächlich als ein »vernichtendes Urteil« aufzufassen sein? Sicher, in dieser Besprechung wurden Einschränkungen der Bejahung durchaus erkennbar – aber konnten sich dem meist raschen oder flüchtigen Leser solche positiven Sätze nicht am ehesten einprägen? Wurden solche Sätze nicht vielfach weitergegeben, etwa von der Werbung? War hier die versteckte Kritik nicht allzusehr versteckt?

Eine weitere »Möglichkeit der Differenzierung« soll darin bestanden haben, »schlechte, aber von den Nazis gerühmte (Theater-) Aufführungen durch zweit- oder drittklassige Mitarbeiter« besprechen zu lassen. Das setzte nun Leser voraus, die genau über die Abstufungen der Mitarbeiter informiert waren, oder: denen die Wertungen der Redaktion sofort, ohne Information, einsichtig waren. Aber konnten von Lesern die Kritiker nicht ganz anders bewertet werden als von der Redaktion? Die Wertungen wurden ja nicht durch Sternchen mitgeteilt, Einstern-Kritiker bis Dreisterne-Kritiker. Der Leser las eine positive Besprechung eines Theaterstücks, das überall positiv besprochen wurde – wie sollte er daraus auf eine Ablehnung schließen?

Es wurde also Zustimmung vorgeführt und durch winzige Details sollte der hellwache, hellhörige Leser sofort erkennen: das ist nicht so gemeint, wie es geschrieben ist, hier mußt du etwas anderes herauslesen, zwischen oder hinter den Zeilen. Waren das nicht fiktive Vorstellungen? Machte man sich hier nicht etwas vor? In einer Zeit riesiger, pathetisch-pompöser Gesten allerkleinste Fingerzeige – wer sah sie noch?

Margret Boveri stellt selbst fest, daß der Spielraum für diese Gegen-Gesten äußerst gering war: »Tatsächlich war die Bewegungsfreiheit so minimal, daß jeder Nicht-Nationalsozialist sie als non existent betrachten mußte.« Und: »Es gab Tage, an denen man das BT ohne weiteres für eine Parteizeitung hätte halten können – wenn man nur auf die erste Seite sah.« Es blieben höchstens kleine Modalitäten, wie man das Vorgeschriebene präsentierte – eine etwas kleinere Aufmachung etwa als vorausgesetzt oder erwartet wurde. Oder daß man einige der Sprachregelungen nicht ausführte, Marx also nicht den Vornamen Mordekai gab und den sowjetischen Außenminister Litwinow weiterhin Litwinow nannte und nicht Finkelstein-Litwinow. Oder man stellte groß heraus, wozu man nicht aufgefordert war. »Ich erinnere mich allerdings nur an einen solchen Fall: als Julius Streicher zum erstenmal in Berlin im Sportpalast auftrat. Scheffer fand seine Ausdrucksweise so unflätig, seine historischen Behauptungen so falsch, daß er den Text, sozusagen als Schandfleck der Nazis, auf die erste Seite setzen ließ. Das wurde vielfach mißverstanden.«

Als weitere »Möglichkeit der Differenzierung« nennt Margret Boveri den »kommentarlosen« Abdruck einer Meldung, oder daß Leitartikel nicht namentlich gezeichnet waren. Konnten aus diesen Formalismen von den Lesern tatsächlich schon Einwände, Einschränkungen, »innere Vorbehalte« abgelesen werden? War das nicht wirklich zuviel verlangt? Hat sich hier Widerstand und Widerspruch nicht so sehr minimalisiert, daß er gar nicht mehr bemerkbar wurde?

Selbst diese minimalen Möglichkeiten, Distanz anzudeuten zu dem, was man vorschriftsmäßig weitergab, wurden zunehmend eingeschränkt: Leitartikel und Kommentare ohne Name oder Signatur durften nach einiger Zeit nicht mehr veröffentlicht werden. »Das sich konsolidierende Regime forderte seinen Tribut.« Dennoch, man schrieb weiter, im vorgeschriebenen Sinn, ja Wortlaut.

Es wäre jetzt natürlich sehr leicht, von außen her, von oben herab festzustellen, daß solche Minimalformen des Widerspruchs unzureichend waren: bereits solche winzigen Gegensignale waren damals lebensgefährlich. Dagegen begebe ich mich in überhaupt keine Gefahr, wenn ich aus jahrzehnteweitem Abstand schreibe, man hätte seine Gegenposition deutlicher markieren müssen oder hätte eben diese Zeitung verlassen, aufgeben sollen. Ich muß lesend zur Kenntnis nehmen, daß beide Möglichkeiten Gefahr bedeuteten, daß damals auch die Angst bestimmte, was man tat. »Wer monatelang bei ungewohnten nächtlichen Geräuschen erschreckt aufwacht, ist in einer anderen Nervenverfassung als derjenige, der das nächtliche Klopfen an der Tür nie erlebt, nie auch nur befürchtet hat. Diese Feststellung gehört ebenso in das Bild der Arbeitsatmosphäre jener Jahre wie die Sprachregelungen, die plötzlichen Eingriffe und die Praxis des Berufsverfahrens.«

Schließlich aber war eine Phase erreicht, in der die Bejahung die Verneinung völlig aufhob. In der die großen Gesten die winzigen Winke völlig unsichtbar machten. In der die vorgeschriebene Sprache nicht die allerkleinsten Abweichungen zuließ. Margret Boveri berichtet über ihre Reaktion darauf: »Ich setzte meine Wut über die neue Lage in Zeitungspraxis um, indem ich nun auf der ersten Seite gehäuft antisemitische außenpolitische Nachrichten brachte. (. . .) Die Überschriften übernahm ich in der antisemitisch gefärbten Originalfassung, die DNB lieferte.« Damit sollte die Zeitung kaputtgemacht werden; die Zahl der Abonnenten hat denn auch abgenommen.

Hier ist nun freilich ein äußerster Punkt erreicht: der Leser sah nur diese Propagandatexte; ob die Redaktion sie zornig oder beflissen veröffentlicht hat, das konnte er nicht feststellen.

Es zeigt sich: die Sprache des Dritten Reichs mitschreibend, war man immer stärker hineingezogen worden in eine Haltung, die sich von der allgemein vorgeschriebenen Haltung in nichts mehr unterschied. Damit war die Sprachregelung vollzogen.

4.

Das Hörspiel *Goldberg-Variationen* wurde 1972/73 geschrieben und 1974 erstgesendet als Produktion des Bayerischen Rundfunks mit dem Hessischen Rundfunk. Dieses Hörspiel war einer der beiden Beiträge der ARD zum Prix Italia 1974; nach zwei Produktionen der BBC kam es hier auf den dritten Platz. Das Hörspiel wurde ausgezeichnet mit dem Hörspielpreis der Kriegsblinden 1974.

Der Name Goldberg ist vor allem präsent geblieben in der populären Bezeichnung einer Komposition, die Johann Sebastian Bach 1742 als vierten und letzten Teil der Clavierübung in Leipzig veröffentlichte: »Aria mit verschiedenen Veränderungen vors Clavicimbal mit 2 Manualen«. Johann Nicolaus Forkel berichtete in seiner 1802 veröffentlichten Bach-Biographie über diese Komposition und ihre Entstehung: »Dieses Modell, nach welchem alle Variationen gemacht werden sollten, haben wir der Veranlassung des ehemaligen Russischen Gesandten am Chursächs. Hofe, des Grafen Kayserling, zu danken, welcher sich oft in Leipzig aufhielt und (seinen Clavecinisten) Johann Gottlieb Goldberg mit dahin brachte, um ihn von Bach in der Musik unterrichten zu lassen. Der Graf kränkelte viel und hatte dann schlaflose Nächte. Goldberg, der bey ihm zu Hause wohnte, mußte in solchen Zeiten in einem Nebenzimmer die Nacht zubringen, um ihm während der Schlaflosigkeit etwas vorzuspielen. Einst äußerte der Graf gegen Bach, daß er gern einige Clavierstücke für seinen Goldberg haben möchte, die so sanften und etwas munteren Charakters wären, daß er dadurch in seinen Nächten ein wenig aufgeheitert werden könnte. Bach glaubte, diesen Wunsch am besten durch Variationen erfüllen zu können, die er bisher, der stets gleichen Grundharmonie wegen, für eine undankbare Arbeit gehalten hatte. Aber so wie um diese Zeit alle seine Werke schon Kunstmuster waren, so wurden auch diese Variationen unter seiner Hand dazu.«

In diesem Bericht liegt bereits der Ansatzpunkt des Hörspiels: jemand, der einen Künstler bezahlt und damit Erwartungen hat, Forderungen stellt. Aus dieser Konstellation heraus entwickelte sich alles weitere als Fiktion.

Dennoch einige Informationen über Goldberg. Zum Teil waren sie mir schon vor der Arbeit an diesem Hörspiel bekannt, sie haben seine Ausführung aber nicht beeinflußt: (auch) hier sollte ja kein historischer Vorgang rekonstruiert werden. Weil diese Informationen für die Konzeption nicht wichtig waren, können sie nun auch nicht zur Interpretation beitragen – sie sind nur Ergänzung, Zusatz.

Johann Gottlieb Goldberg wurde 1727 als Sohn eines Lauten- und Geigenbauers in Danzig geboren. Sein Vater war befreundet mit der musikalischen Lokalgröße Freißlich, der das Kind Johann Gottlieb unterrichtete: schon früh wurde von ihm das »seltene Talent« erkannt. Auch vom Grafen Hermann Karl von Keyserlingk: der nahm auf einer seiner Reisen den Zehnjährigen mit nach Sachsen, stellte ihn Johann Sebastian Bach vor; der alte Bach nahm ihn auf unter seine Schüler. Musikalischen Unterricht erhielt Johann Gottlieb auch durch Bachs Sohn Wilhelm Friedemann. Goldberg gab später selbst Unterricht, vor allem seinen beiden Schwestern – die ältere, Constantia Renate, gab als Majorin Petersson Konzerte in Danzig.

Ab 1751 war Goldberg »Hochgräflicher Kammermusikus« im Orchester des sächsischen Premierministers Graf Heinrich von Brühl. Ich nehme an, der nun 24jährige Musiker hat auch jetzt noch für Graf Keyserlingk gespielt, in Nachtstunden oder tagsüber. Goldberg soll, nach den (sonst mageren) Angaben der *Allgemeinen Deutschen Biographie,* »schwer zugänglich« gewesen sein, ein »Sonderling«. Und es heißt: »Von tiefer Melancholie befallen, starb er frühzeitig.« Das Todesjahr ist 1756.

In Schallplattenkatalogen wird mal die eine, mal die andere Komposition von ihm angeboten. In Rundfunkanstalten werden gelegentlich Arbeiten von ihm aufgeführt: etwa eine seiner beiden Kantaten (»Hilf, Herr, die Heiligen haben abgenommen . . .«), eines seiner beiden Konzerte für Cembalo und Orchester, eines seiner insgesamt sechs Instrumentaltrios; weiter hat Goldberg Präludien und Fugen geschrieben und zwei Dutzend Polonaisen.

Als Komponist wurde Goldberg geachtet, aber nicht bewundert. Johann Friedrich Reinhardt schrieb in jener Zeit: »Er war jedoch nicht gerade ein musikalisches Genie und ohne besondere Begabung für die Komposition.« Er betonte, daß Goldberg »vorzugsweise technisches Talent« besaß. Wie groß dieses Talent gewesen sein muß, läßt sich ablesen und heraushören an der Komposition, die Bach dem jungen Schüler schrieb, im Auftrag des Grafen: die Variationen gelten auch heute noch als eins der schwierigsten Werke der Klavierliteratur. Unter Zeitgenossen war Goldberg vor allem als Improvisator bekannt, für sein »freies Phantasieren« auf dem Cembalo oder Clavichord.

Diese Information war wichtig für die Konzeption dieses Hörspiels: der improvisierende Musiker als Partner des Sprechers. Und der versucht in verschiedener Weise, die Musik dienstbar zu machen – ein Vorgang, der modellartig durchgespielt wird, in Variationen.

Ich weiß nicht, und mich interessiert auch nicht, wie Keyserlingk über Musik dachte. Ebensowenig sind mir Goldbergs Vorstellungen über mögliche Funktionen von Musik bekannt, und ob er überhaupt darüber reflektierte, im Rahmen damals möglicher Theorien. Wie »Keyserlingk« in diesem Hörspiel auf »Goldbergs« Musik reagiert, wie er auf sie einzuwirken versucht, das ist also frei erfunden.

Authentisch sind freilich die Materialien, die in seinem Text verwendet wurden; hier habe ich Berichte aus jener Zeit frei ausgeführt. Auf der Grundlage historischer Materialien sind auch die Briefe erfunden, die der russische Gesandte diktiert: sie entwerfen eine Position, die sich auswirkt auch auf seine Haltung(en) der Musik gegenüber.

Wiederholt konfrontiert er Goldbergs Musik mit Hinweisen auf gleichzeitige gesellschaftliche Vorgänge – eine kritische Konfrontation, in der Musik stellvertretend auch für andere Kunstäußerungen befragt wird. Goldberg muß sich beim Musizieren anhören, wie Lehrlinge mißhandelt, Soldaten geschunden, Menschen gefoltert werden. Kann er bei vollem Bewußtsein dieser gleichzeitigen Vorgänge weiterhin Musik machen? Kann Musik solche Realität »verarbeiten« oder weicht sie hier nicht eher aus? Keyserlingk greift wiederholt die Musik an. Zugleich ist er froh, daß nicht auch Musik von der oft übermächtigen gesellschaftlichen Realität kaputtgemacht wird. Ein durchaus ambivalentes Verhältnis also, das hier zur Sprache kommt.

Auf Keyserlingks Herausforderungen antwortet Goldberg in diesem Hörspiel mit keinem Wort: er spielt Musik. Und wenn er nicht Musik vorspielt, auftragsgemäß, so setzt er sich ab. Darin könnte sich bereits eine Antwort andeuten; hörbar wird seine Antwort freilich nur in der Musik, die er spielt.

Und damit einige Anmerkungen zur Musik in diesem Hörspiel. Ich hatte mir den Produktionsvorgang so vorgestellt: ein Sprecher und ein Musiker gemeinsam in einem Studio, der

Sprecher hat den Text vor sich, muß sich freilich nicht wortgetreu an ihn halten, er kann Satzstrukturen verändern je nach Einwirkung der gleichzeitig gespielten Musik, kann Textphasen improvisatorisch weiterführen: hörbar reagiert der Sprecher auf die Musik, die auf ihn reagiert.

Und dies sollte zeitgenössische Musik sein, keine Reproduktion oder Rekonstruktion von Musik des 18. Jahrhunderts. Eine Musik, mit der die Wünsche und Vorwürfe, die Anklagen und Herausforderungen des Sprechers für den Hörer sofort verständlich werden müssen. Das setzt voraus: eine Musik, deren Informationsdichte nicht allzu groß ist, eine Musik von hoher Redundanz, wie Informationstheoretiker sagen, also von hohem Bekanntheitsgrad – nicht inhaltlich, sondern strukturell. Solche Forderungen erfüllt der Jazz: hier realisiert sich Musik in der Improvisation, hier ist »Glätte« ebenso möglich wie »Rauheit«, hier kann sich Anpassung ebenso artikulieren wie Opposition oder Aggression – dies sind natürlich keine musikalischen Begriffe, nur Vergleichsformulierungen!

Von der Hörspieldramaturgie des Bayerischen Rundfunks und vom Regisseur Heinz von Cramer wurde ein anderer Vorschlag gemacht und realisiert: eine Zitatcollage abendländischer Musik für Tasteninstrumente. Damit sollte gleichsam »die« Musik der Textprüfung unterzogen werden.

Nun wäre es bei solch einer Collage sinnvoll gewesen, formalisierte Musiksequenzen zusammenzustellen, unter Verzicht auf Themen und Phasen aus bekannten Kompositionen. Es hätte reichlich Zitatmaterial gegeben in der Klavier-Literatur des 18. Jahrhunderts, etwa aus dem großen Œuvre von Carl Philipp Emanuel Bach. Montiert aber wurde Bekanntes und Berühmtes, etwa die Aria und einige Variationen aus den Goldberg-Variationen oder die Arietta aus der Klaviersonate c-moll, opus 111 von Beethoven. Damit wurde zumindest ein Teil der Hörer wiederholt vom Hörspiel abgelenkt mit der Frage: was ist das, was war das? Und wer auf Anhieb etwa die Bachzitate erkannte, der fragte sich womöglich, ob hier Kirkpatrick, Walcha oder Leonhardt spielte . . .

Diese Collage »hochkarätiger« Musik wurde von Schallplatten übernommen, zu einem Musikband von rund 50 Minuten Länge zusammengestellt und dem Sprecher zugespielt.

Nun ist der Text auf Zäsuren angelegt, auf deutliche Kontraste: durch die pausenlose Musikfolge wurden jedoch Konturen abgeschwächt, verwischt. Man hörte sogar Musik, wenn Keyserlingk Briefe diktierte oder korrigierend durchlas. Und selbst, als in der Mitte der neunten Sequenz über die Musik des Hörspiels gesprochen wurde, in deutlicher Durchbrechung des Modellspiels, selbst da wurde das Musikband nicht unterbrochen. Dabei entstand zusätzlich die paradoxe Situation, daß der Schauspieler Ernst Jacobi im Namen des Autors erklärte, weshalb »hier auch zeitgenössische Musik gespielt« würde – und man hatte bis dahin nur Musik vergangener Jahrhunderte gehört.

An solchen Punkten zeigte sich, daß unmittelbare Korrespondenz zwischen Text und Musik kaum möglich war, wenn man Musik montierte zu einer Einspielung, die vom Text aus nicht mehr beeinflußt werden konnte. Gewiß, es ergaben sich eindrucksvolle Passagen, aber dieses technische Verfahren ließ Interaktion zwischen Musik und Sprache nicht zu – und auf diese Interaktion hin war das Hörspiel konzipiert.

Zwei Monate nach der Verleihung des Hörspielpreises produzierte ich für den Österreichischen Rundfunk in Graz das Hörspiel neu, in eigener Regie. Und zwar mit einem Musiker, dessen Improvisationen meinen Vorstellungen oder zumindest: meinen Erwartungen entsprachen. Wolfgang Breuer hat verschiedene kammermusikalische Kompositionen geschrieben, ist vor allem aber Jazzpianist – und Jazzmusiker sind wohl die einzigen Musiker, die improvisatorische Musik produzieren können. Die Interpreten komponierter Musik haben diese Fähigkeit durchweg verloren. Ausnahmen wie etwa Friedrich Gulda weichen bezeichnenderweise aus in Jazz- oder Pop-Musik, sobald sie improvisieren wollen.

Für jede der Interaktions-Sequenzen wurde (improvisatorisch) ein in sich konsequenter musikalischer Ablauf entwikkelt: die acht Musikphasen unterschieden sich jeweils deutlich in der Instrumentation, in den musikalischen Abläufen. Dies wirkte hörbar ein auf den Sprecher Otto David, der wiederum auf die Musik einwirkte. Das war nur möglich, weil Text und Musik gleichzeitig aufgenommen wurden; innerhalb der Sequenzen wurde nicht gemischt oder geschnitten. Das Hörspiel ließe sich in ähnlicher Form auch live aufführen.

Obwohl ich mein Hörspiel genau zu kennen glaubte, ergaben sich bei dieser Produktion Überraschungen. Vor allem in der Schlußphase. Hier gab es zwei Möglichkeiten des musikalischen Ablaufs. Die erste: die Musik ist zu Anfang dieser Sequenz sehr dicht, ein rasches, hartes Spiel, im weiteren Verlauf werden die Klangfolgen weicher, »schöner«. Die zweite Möglichkeit: die Musik wird gegen Schluß immer dichter, Goldberg erzeugt gleichsam ein musikalisches »Abwehrsystem«. Hier wären denn die wiederholten, bald schon stereotypen Hinweise des Grafen auf die Ohrenfolter recht einfach zu motivieren: er versucht, mit diesen Wiederholungen das immer dichtere Geflecht zu durchdringen. Wird die Musik dagegen weicher, wohlklingender, »schöner«, so ändert sich auch die Textphrasierung: die Wiederholungen werden zu ostinaten Begleitfiguren der Musik, die auf das Berichtete nicht eingeht, nicht darauf reagiert.

Beim Durchspielen dieser beiden Möglichkeiten ergab sich eine weitere Frage, die Musiker, Sprecher und Autor diskutierten: wie endet das Hörspiel? Mit Musik? Mit Text? Mit Text und Musik? Bricht »Keyserlingk« ab, erschöpft oder resignierend, und die Musik wird fortgesetzt, so könnte dies von Hörern als ein »Sieg der Musik« verstanden werden. Dünnt die Musik gleichsam aus während der wiederholten Hinweise auf die Ohrenfolterung, bricht sie ab, bevor der Sprecher aufhört, so könnte dies ausgelegt werden als ein »Sieg der Realität«. Beides könnte von Hörern leicht aufgefaßt werden als interpretatorischer Hinweis zum Verständnis des gesamten Hörspiels.

Das Hörspiel aber macht modellhaft eine Konstellation deutlich; Keyserlingks Verhalten ist zumindest ambivalent. Und so ergab sich ein offener Schluß: der Sprecher wiederholte immer intensiver sein »es brennt in den Ohren, sie schreien, es brennt in den Ohren, hörst du«, der Musiker spielte eine knappe, rhythmisch intensive Figur – einer trieb den anderen voran, oder: riß den anderen mit. Und gleichzeitig mit dem letzten »hör doch« der Schlußton.

Ich habe versucht, im Hörspieltext dieses Bandes die Musik mit knappen Hinweisen wenigstens anzudeuten. Dennoch können solche Hinweise dem Leser kaum ansatzweise einen Eindruck vermitteln, der heranreicht an die Hör-Erfahrung.

Ich kann nur hoffen, daß die Leser dieses Hörspiels entsprechende Musik im Ohr haben, daß sie also selbst den hier fehlenden musikalischen Part ergänzen können, während der Lektüre.

Die Rede, die ich bei der Preisverleihung hielt, das Nachwort, das ich nun schreibe: konnte und könnte das nicht eine Herausforderung sein, hinter der Rolle des Keyserlingk »hervorzutreten« und direkt Auskunft zu geben darüber, wie ich über das Verhältnis von Musik und Realität denke?

Denn: betrifft diese Frage nicht auch mich? Gehöre ich nicht beispielsweise zu denen, die Musik hörten in einer Zeit, in der sie täglich durch Presse und Fernsehen konfrontiert wurden mit Kriegsrealität in Kambodscha und Vietnam? Da las man von der rücksichtslosen Brutalität, mit der sich in Da Nang südvietnamesische Truppeneinheiten Flugzeuge freischossen, die zum Abtransport von Verwundeten, von Frauen und Kindern bestimmt waren; da sah man brennende Dörfer, aufgereihte Leichen; da las man von wachsenden Versorgungsschwierigkeiten der Flüchtlingstrecks und Flüchtlingslager; da sah man zwischen Abfällen die Leichen alter Menschen und kleiner Kinder, niedergemacht, totgetrampelt auf einem Fluchtschiff. Und während so etwas geschah, hörte ich wiederholt eine Jazzplatte, *Sama Layuca* von MyCoy Tyner, und im WDR III hörte ich am 28. März 75 von 19 Uhr bis 19 Uhr 30 Michelangelis Interpretation der c-moll-Sonate von Beethoven. Und danach keine sofortige »Rückkehr« des Bewußtseins zur »Realität«, sondern der Wunsch, die gerade gehörte Aufnahme mit den Plattenaufnahmen von Solomon und Gulda zu vergleichen; ich brauchte sie nur aus den Hüllen zu ziehen.

Musik hören, obwohl zur gleichen Zeit Menschen geschunden, geschlagen, gefoltert, getötet werden; Musik spielen, obwohl zur gleichen Zeit Menschen geschunden, geschlagen, gefoltert, getötet werden; Musik komponieren, obwohl zur gleichen Zeit Menschen geschunden, geschlagen, gefoltert, getötet werden – gehört dies nicht zusammen?

Und weiter: mußte ich die Anklagen und Vorwürfe des Grafen Keyserlingk nicht auch in anderer Hinsicht auf mich beziehen? Habe ich nicht einige Texte geschrieben, die mit keinem Wort eingingen auf die jeweilige soziale, ökonomische, politische Situation? Texte wie etwa das Hörspiel *Die 5-Uhr-Marquise* oder das Abenteuerbuch *Siam-Siam*? Mußte ich mir nicht also sagen: während du solche Texte geschrieben hast, wurden in verschiedenen Ländern Menschen geschunden, geschlagen, gefoltert, getötet?

Ausgehend von solchen Situationen, von solchen Erfahrungen: wie lautet also meine Antwort auf die Frage nach dem Verhältnis von Musik und gesellschaftlicher Realität?

Daß ein Schriftsteller allgemeine Antworten parat hat, das wird in Diskussionen, etwa nach Lesungen, immer wieder vorausgesetzt: als wäre er jemand, der seine Botschaften wie Ostereier in seinen Texten versteckt. Und jetzt, da man mit dem Autor in einem Raum ist, an einem Tisch sitzt, jetzt könnte er eigentlich herausrücken mit der Wahrheit, könnte damit das umständliche Erkunden der Texte verkürzen. Solche Vorstellungen und Erwartungen können sich naiv formulieren oder wissenschaftlich: das theoretische Substrat, das im Text eingeschmolzen wurde und das nun wieder herausgelöst werden soll.

Wahrscheinlich ist ein belletristischer Schriftsteller aber gerade jemand, dem es besonders schwerfällt, allgemeine Auskünfte zu geben. Deshalb habe ich denn auch dieses Hörspiel geschrieben: das macht in seinen Widersprüchlichkeiten, in seiner Offenheit hörbar, weshalb eine eindeutige, festlegende Antwort hier nicht möglich ist, zumindest nicht für mich.

Und wieder ein Vergleich des Modells mit Realität. – Heutige Musiker spielen, heutige Komponisten komponieren in einer Zeit, in der, noch immer, soziale Ungerechtigkeiten bestehen, in der, noch immer, Menschen geschunden, geschlagen, gefoltert, getötet werden: nehmen Musiker und Komponisten diese Situation überhaupt wahr, und wenn ja: wie sind hier ihre Reaktionen, ihre Konsequenzen?

Goldberg war noch Interpret und Komponist in Personalunion: sie hat sich längst aufgespalten, also müßte unsere Frage doppelt gestellt werden, an ausübende Musiker und an Komponisten. Diese Frage wäre allerdings auf einen Ausschnitt der Musik zu beschränken: auf die sogenannte E-Musik, die »ernste« Musik. Hier sind Fragen und Antworten entschieden schwieriger als bei der leichten, unterhaltenden Musik. Die wurde zum Beispiel in der Endphase des Dritten Reichs ganz bewußt eingesetzt als so etwas wie eine »Psychodroge«: vor allem in den aufwendig produzierten Musik- und Schaufilmen. Hier sollten die Zuschauer und Zuhörer vergessen, hier sollten sie abgelenkt, entspannt, erheitert werden, und diese kurzfristige Ablenkung, Entspannung, Erheiterung sollte sich wieder positiv auswirken beim Einsatz in der Rüstungsindustrie, beim Einsatz an der Front. Von der U-Musik wird hier also nicht geschrieben.

Aber: gibt es hier nicht einige Entsprechungen, einige Übergänge zur E-Musik? Beispielsweise, wenn gegen Kriegsende die Berliner Philharmoniker unter Furtwängler klassische Musik spielten – konnte solch ein Konzert nicht eine ähnliche Funktion haben wie etwa ein Musikfilm, nur diesmal für die »Gebildeten« unter den Kriegsteilnehmern? Eine »Psychodroge« auch hier, nur mit feiner abgestimmten Wirkstoffen, die nicht bloß betäubend oder illusionierend wirken? Das setzt natürlich voraus, daß auch solche Musik konsumiert wird – aber überwiegt bei der Mehrheit der Hörer von E-Musik nicht der bloße Konsum?

Die Furtwängler-Konzerte im bombardierten, belagerten Berlin, sie sind fast so etwas wie ein Mythos geworden: und hier liegt auch einer der Zündpunkte dieses Hörspiels. Denn hier war die Situation, die Konfrontation entschieden zugespitzt: die klassische Musik und gleichzeitig, außerhalb des Konzertsaals, die unerträglich kompakte politische und militärische Realität.

Welche Erwartungen das Publikum an Musik richtet, welche Vorstellungen Komponisten und Interpreten von ihrer Aufgabe, ihrer Funktion haben: dazu bringe ich nun einige Informationen. Sie sollen den Hörspieltext nicht interpretieren, sie sollen ihn ergänzen.

Im *Bericht der Bundesregierung über die wirtschaftliche und soziale Lage der künstlerischen Berufe*, veröffentlicht Januar 75 als Drucksache 7/3071, wurde ein Querschnitt der Bevölkerung befragt über »Sinn und Zweck künstlerischer Tätigkeit«. Dabei wurde freilich nicht differenziert zwischen Musik und Bildender Kunst – es lassen sich dennoch einige Rückschlüsse ziehen auf die Funktion von Musik. Die Durchschnittsmeinung wurde aus neun Antwortvorgaben ermittelt – ich nenne allerdings nur die Vorgaben, die in bezug auf Musik relevant sein können. Bei den Prozentzahlen ist zu beachten, daß Mehrfachnennungen möglich waren.

Mit 65 Prozent liegt an der Spitze die Erwartung, Kunst soll »entspannen, unterhalten, den Alltag, die Arbeit vergessen machen«. Bei 52 Prozent der Befragten die Vorstellung, künstlerische Tätigkeit soll »Schönes, Ästhetisches herstellen, das Ohr erfreuen, die Freizeit verschönern«. (Zur Ergänzung: für 35 Prozent soll Kunst »belehren, bilden, zum Nachdenken anregen, sehen lehren«. Für 24 Prozent soll Kunst »die Wirklichkeit, die heutige Zeit abbilden und widerspiegeln«.)

Auf Musik anwenden lassen sich wohl nur die ersten beiden Antwortvorgaben: die Unterhaltungsfunktion, die Vermittlung ästhetischer Produkte. Hier sind pauschale Antworten auf pauschale Fragen, aber sie ergänzen doch die Vorstellungen des Grafen Keyserlingk, der einerseits von Goldberg fordert, daß er ihn musikalisch unterhält, daß er harmonisiert und verschönt, und der dies andererseits in Frage stellt, verwirft.

Wie sehen nun Musiker selbst ihre Aufgabe, ihre Funktion? Glücklicherweise werden hier im »Künstlerbericht« die Antworten aufgeschlüsselt nach Musik, Darstellender Kunst, Bildender Kunst. Ich will auch hier nicht alle (zwölf) Antwortvorgaben aufzählen, hebe nur vier Punkte bevor, die für unsere Frage wichtig sind, nenne zugleich die Antwortergebnisse – auch hier waren Mehrfachnennungen möglich.

Eine Antwortvorgabe lautet: »Kunst ist Suche nach dem eigenen Ich, das sich realisieren will, nach mehr Selbstverwirklichung.« Dies ist 24 Prozent der Komponisten wichtig, 25 Prozent der Dirigenten, ebenfalls 25 Prozent der Instrumentalisten Ernster Musik, 26 Prozent der Sänger Ernster Musik, 27 Prozent der Unterhaltungsmusiker.

Zusätzlich aufschlußreich ist eine Tabelle, in der die Antworten aufgeschlüsselt werden nach Altersgruppen. Demnach ist die Selbstverwirklichung 37 Prozent der jungen Komponisten (unter 30) wichtig, danach nimmt der Prozentsatz kontinuierlich ab, bis zu den über 65jährigen: hier ist die Selbstverwirklichung nur noch für 17 Prozent relevant.

Erwartungen werden auch bestätigt durch die Anhangtabelle zum »Image von Kunst / künstlerischer Tätigkeit nach Berufsgruppen und Stellung im Berufe«. Demnach ist 20 Prozent der Abhängigen die Selbstverwirklichung wichtig und 24 Prozent der Selbständigen. Kein sehr großer Unterschied, aber doch die Andeutung einer Abstufung.

Die nächste Antwortvorgabe: »Kunst soll den Alltag vergessen machen, verschönern, das Gemüt ansprechen, ohne zu beeinflussen.« Hier stimmen 36 Prozent der Komponisten zu und 40 Prozent der Dirigenten. Den Instrumentalisten Ernster Musik erscheint dieser Punkt offenbar besonders wichtig: 52 Prozent bejahen ihn, und bei den Sängern Ernster Musik ist die Zahl sogar noch höher: 57. Bei den Unterhaltungsmusikern fällt die Zahl erstaunlicherweise ab: 41 Prozent.

Und nun das Stichwort Unterhaltung. Die Antwortvorgabe war hier so formuliert: »Kunst soll der Entspannung und Unterhaltung dienen.« Wie zu erwarten, ist der Prozentsatz hier bei den Unterhaltungsmusikern am höchsten: 57. Bei den Sängern Ernster Musik ist die Zahl auch erstaunlich hoch: 52 Prozent. Und ganz in der Nähe die Instrumentalisten: 51 Prozent. 46 Prozent der Dirigenten und 49 Prozent der Komponisten bekennen sich zur Unterhaltungsfunktion von Musik.

Freilich wird bei diesen Angaben nicht aufgegliedert nach Komponisten von E- und U-Musik, nach Dirigenten von Sinfonieorchestern oder Tanzorchestern. Mögliche Rückschlüsse lassen hier Angaben der Anhangtabelle zu: die Unterhaltungsfunktion wird bejaht von 56 Prozent der abhängigen und von 48 Prozent der selbständigen Komponisten.

Daß die Auskünfte dieser Tabellen nur mit Vorbehalt akzeptiert werden können, daß sie Zusatzinformationen notwendig machen, das erweist sich auch bei der Antwortstatistik der folgenden Vorgabe: »Kunst soll neue Formen und Denkmöglichkeiten und Wahrnehmungsformen entwickeln.« Hier zeigt sich bei Komponisten und Unterhaltungsmusikern der gleiche Prozentsatz: 44. Selbst wenn man annimmt, daß bei den Komponisten auch Komponisten von Unterhaltungsmusik mitgezählt wurden, so ist diese Zahlengleichheit doch erstaunlich. Erstaunlich auch, daß die Instrumentalisten Ernster Musik hier einen Prozentsatz von 57 erreichen. Erstaunlich wiederum nicht, daß bei der Aufgliederung in Altersgruppen die Zahlen kontinuierlich abnehmen: 52 Prozent der jungen Musiker ist dieser Punkt wichtig und nur noch 37 Prozent der alten Musiker. Überraschend dagegen wieder, daß 60 Prozent der abhängigen Komponisten und nur 42 Prozent der selbständigen Komponisten Innovation bejahen.

Allgemein schließen läßt sich hier wohl nur, daß bei Komponisten und Interpreten die Unterhaltungsfunktion höher angesetzt wird als die Innovation, die Verschönerung höher als die Selbstverwirklichung.

Will man präzisere Vorstellungen über das Selbstverständnis von Musikern gewinnen, so müßten solche Erhebungen ergänzt werden durch Selbstaussagen: sie dürften die Zahlen nicht bloß illustrieren, sie müßten differenzieren.

Einiges Material dazu bietet etwa eine Umfrage, die im Oktober 74 von der *Neuen Zürcher Zeitung* veröffentlicht wurde. Ich will auf diese Selbstdarstellungen von Interpreten nur hinweisen, will sie nicht ausführlich zitieren: hier soll schließlich kein synthetischer Goldberg nachproduziert werden!

Der einzige Interpret dieser Umfrage, der das Musikmachen in Beziehung setzt zu politischen und sozialen Realitäten, ist der Flötist André Nicolet. Er sieht hier gleichsam ein kommunizierendes System: je stärker der »politische und soziale Druck«, desto größer die Intensität der Musikrezeption. Dies wird freilich nicht begründet.

Die Sopranistin Elisabeth Speiser erklärt, Singen bedeute für sie Selbstverwirklichung, erzeuge damit ein Glücksempfinden. Das will sie nicht egoistisch für sich behalten, sie will es im Kommunikationsprozeß des Konzerts weitergeben, freilich, wie sie betont, »in völliger Absichtslosigkeit«. Entsteht dieser »Zustand des Glücks«, so bildet sich Glücksgefühl oder Glücksempfinden auch bei ihr selbst.

Das Stichwort Glück nennt auch der Geiger Brenton Langbein: er freilich schränkt hier Erwartungen erheblich ein. Dafür bringt er zwei andere, charakteristische Stichworte: Freude und Frieden. Hier würde ein Graf Keyserlingk sogleich einhaken: Musik-Freude, Musik-Frieden in einer Welt, in der fast nie Friede herrscht, in der nur wenig Anlaß zur

Freude ist – heißt das nicht Ausflucht?

Langbein ergänzt seine Antwort: die »Hauptfunktionen« der Musik seien »therapeutisch und erzieherisch«. Über das Therapeutische, über das sehr ausführlich zu sprechen wäre, äußert er sich nicht – ist hier so etwas wie die Spezialmusik für Magenkranke gemeint? Beim Stichwort Erziehung verweist er auf eins von Schillers Idealen, leitet davon ab: die Musik als Mittel, die Kommunikation unter Menschen zu fördern.

Die anderen Auskünfte sind nicht ergiebiger. Es überwiegt das scheinbar tiefe Geraune, das man im Reden und Schreiben über Musik häufig findet. Allzu gewohnte und allzu große Wörter verdecken hier die Realität der Musik und erst recht die Realität außerhalb der Musik. Hier wären viele Ansatzpunkte für Keyserlingks Attacken.

Abschließend berichte ich nun kurz vom Verhalten zweier Komponisten während des vorigen Weltkriegs: Krieg als kompakteste, unausweichlichste Einwirkung gesellschaftlicher Realität auf den Einzelnen – die Modellsituation eines Goldberg wird hier ins Extrem gesteigert.

Vor Jahren schon hatte mir der in Köln lebende Komponist und Bühnenmusiker Werner Haentjes von seinen Versuchen erzählt, auch während der Kriegsjahre zu komponieren; das hatte sich mir sehr eingeprägt.

Er hatte begonnen, Musik zu studieren, vor allem Komposition, wurde dann eingezogen: er war Funker bei der Artillerie, gegen Kriegsende bei der Panzerwaffe. Auf den verschiedenen »Kriegsschauplätzen« begleitete ihn stets eine Aktenmappe: sie enthielt Tagebuchaufzeichnungen und Entwürfe zu Kompositionen, vor allem zu einem Streichquartett. Ergaben sich längere Kampfpausen, so setzte er die Kompositionsarbeit fort. Was waren seine Motivationen?

Zuerst einmal, ganz einfach: er wollte die Zeit ausnutzen. Dann war da eine Selbstherausforderung: etwas herstellen, gegen starke äußere Widerstände. Auch spielte dies mit: sobald er das Notenpapier ausbreitete, war der Krieg nicht mehr im Vordergrund seines Bewußtseins, hielt der Krieg sein Bewußtsein nicht mehr besetzt. War das ein Ausfluchtversuch? Oder war hier für ihn eine zweite Realität, eine für ihn als Musiker entschieden wichtigere Realität als diese Kriegsrealität, der wohl die meisten möglichst schnell entkommen wollen?

Der junge Musiker versuchte eines nun allerdings nicht: diese Kriegsrealität mit musikalischen Mitteln zum Ausdruck zu bringen. Oder, anders formuliert, aber ebenso naiv, bewußt naiv: diese Kriegsrealität auf seine Komposition einwirken zu lassen. Wie würde sich auch eine Musik anhören, die Resonanz ist auf den jahrelangen, abstumpfenden, abtötenden Vernichtungslärm eines Krieges?

Die Musik, die er komponierte, folgte eigenen Gesetzen: in diesem Fall den Schemata klassizistischer Kompositionstechnik, so wie er sie damals gelernt hatte. Es geht nun nicht darum zu fragen, welche Qualität diese Musik hatte oder haben konnte, es geht hier allein um die Tatsache, daß während des Zweiten Weltkriegs jemand versuchte, ein Stück Kammermusik zu komponieren.

Selbst Ende 1944, in Rußland, als Panzerfunker, setzte er die Arbeit fort, sobald beispielsweise der Panzer wieder einmal repariert werden mußte. In den Pausen zwischen zwei Kampfeinsätzen komponieren, das war selbstverständlich nicht möglich: zu stark war da die Nachwirkung, zu groß schon wieder die Nervosität, die Angst vor dem nächsten Einsatz: da mußte er, während des Kampfes, auf den Funkverkehr achten, vom Kommandopanzer her, mußte gleichzeitig sein Schußfeld beobachten, mußte mit dem Maschinengewehr schießen.

Bei all diesen Einsätzen steckte neben seinem Sitz, vorne rechts, die Mappe mit dem Streichquartett. Bis schließlich, Januar 45, der Panzer getroffen wurde, am Heck. Da gab es für ihn nur eins: die Luke hochstoßen, aus dem Panzer springen, sich im Schnee wegrollen, reglos liegenbleiben, um von der russischen Infanterie nicht beschossen zu werden: kurz nach diesem Sprung explodierte der Panzer, die Besatzung konnte sich nicht mehr retten. In diesem Panzer lag seine Mappe mit Aufzeichnungen, mit dem unfertigen Streichquartett.

Bevor ich das zweite Beispiel bringe, möchte ich betonen: ich bewerte hier weder die Musik der beiden Komponisten (hier wäre erheblich zu differenzieren!), noch versuche ich, ein

Urteil über ihr Verhalten abzugeben; das steht mir nicht zu. Auch sollen die hier skizzierten Vorgänge keine (versteckte) Interpretation des Hörspiels sein – es sind Zusatzinformationen.

Der zweite Komponist, Anton Webern, hat am vorigen Weltkrieg nicht als Soldat teilgenommen: er war Jahrgang 1883.

Anton Webern, einer der Großen der »Wiener Schule«, hatte kaum äußere Erfolge, seine Lebensumstände waren sehr bescheiden. Als die Nationalsozialisten in Österreich einzogen, wurden seine geringen Einkommensmöglichkeiten fast völlig aufgehoben – Webern galt als »Neutöner«, damit als »Kulturbolschewik«. Er zog sich zurück in sein Haus bei Mödling, bestellte seinen Garten, setzte seine Kompositionsarbeit fort. »Ich bin ganz in meiner Arbeit und mag, mag nicht gestört werden«, schrieb er 1938 in einem Brief. Auch während des Krieges komponierte er; in den Jahren 1941-43 war es vor allem die II. Kantate für Sopran- und Baß-Solo, gemischten Chor und Orchester, op. 31.

Im Text der ersten Arie, »Schweigt auch die Welt ...«, wurden Motive der Farbenlehre von Goethe verarbeitet. Zur Charakterisierung der Wortvorlage die Einleitungswörter weiterer Abschnitte: »Sehr tief verhalten ...«, »Schöpfen aus Brunnen des Himmels ...«, »Leichteste Bürde der Bäume ...«, »Freundselig ist das Wort ...«

Webern, politisch nie sonderlich interessiert, zog sich immer wieder in diese Arbeit zurück. In Briefberichten finden sich Formulierungen, die hierfür bezeichnend sind. So schrieb er im August 1941: »Ich war ganz und gar von meiner Arbeit in Anspruch genommen und bin es noch.« Im Juli 1942 hieß es: »Die letzte Zeit war damit ausgefüllt: wieder ist ein Stück des geplanten ›Oratoriums‹ fix und fertig in Partitur gebracht.« Schließlich, im August 1943: »Ich habe im Grunde nicht aufgeschaut von meiner Arbeit.«

Zwar wird Webern gewußt haben, was geschah, ringsumher, aber er ließ das offenbar nicht zu tief in sein Bewußtsein eindringen; das Wichtigste war ihm seine Arbeit. Aber die Störungen nahmen zu. Webern wurde im Juni 44 zur Luftschutzpolizei eingezogen, wurde kaserniert, wurde, wie er schreibt, »von 6 h früh bis 5 h abends geschunden«. Da war an

Komponieren kaum noch zu denken. Dann der Tod seines Sohnes Peter: im Februar 45 war er kurz bei seinen Eltern zu Besuch, er sollte nach Jugoslawien verlegt werden, wurde auf der Fahrt dorthin bei einem Tieffliegerangriff verwundet, starb bald darauf. Und immer näher rückte die Front heran; die Angst des mittlerweile mehr als Sechzigjährigen wuchs. Er floh mit seiner Frau ins Salzburgische, nach Mittersill bei Zell am See, dort wohnten seine beiden Töchter mit ihren Familien.

Und hier holte ihn die Kriegsrealität auf schauerlich-groteske Weise ein. Webern und seine Frau, die im Haus des Schwiegersohns Ferdinand Halbich wohnten, wurden am 15. September 45 vom zweiten Schwiegersohn, Benno Mattel, zum Abendessen eingeladen. In dessen Haus wurde am gleichen Abend eine Haussuchung durchgeführt – die Verhandlungen zwischen Mattel und drei Amerikanern in der Küche ließen vorerst freilich nicht darauf schließen: Mattel hatte wiederholt Kontakte mit der Besatzungsmacht, als Schwarzhändler. Auf dem Schwarzen Markt hatte er seinem Schwiegervater denn auch eine Zigarre besorgt, wie Webern sie besonders schätzte: die wollte er nach dem Abendessen rauchen. Um die Familie mit dem Qualm nicht zu belästigen, trat er vors Haus – gegen neun Uhr, es war bereits dunkel. Von einem der Soldaten, die das Haus umstellten, vom Armeekoch Bell, wurde ohne Anruf oder Warnruf auf Webern geschossen: ein Lungenschuß, zwei Bauchschüsse. Anton Webern starb noch am Abend dieses 15. September.

Alphabetisches Verzeichnis der edition suhrkamp